철학, 상상력, 표현
철학으로 사유하고, 상상으로 표현하라

철학, 상상력, 표현

철학으로 사유하고, 상상으로 표현하라

초판 1쇄 인쇄 2017년 8월 20일
초판 1쇄 발행 2017년 8월 25일
—

지은이 김종엽
펴낸이 이방원
편 집 윤원진·김명희·이윤석·안효희·강윤경·홍순용
디자인 손경화·전계숙
마케팅 최성수
—

펴낸곳 세창출판사
신고번호 제300-1990-63호
주소 03735 서울시 서대문구 경기대로 88 냉천빌딩 4층
전화 02-723-8660 **팩스** 02-720-4579
이메일 edit@sechangpub.co.kr **홈페이지** http://www.sechangpub.co.kr
—

ISBN 978-89-8411-700-6 03100

이 도서의 국립중앙도서관 출판시도서목록(CIP)은 서지정보유통지원시스템 홈페이지(http://seoji.nl.go.kr)와
국가자료공동목록시스템(http://www.nl.go.kr/kolisnet)에서 이용하실 수 있습니다.(CIP제어번호: CIP2017019482)

철학으로 사유하고, 상상으로 표현하라

철학,
상상력,
표현

김종엽

세창출판사

머리말

　삶의 의미는 무엇일까요? 의미에 대한 사유는 철학을 움직인 중요한 동력 가운데 하나였습니다. 거기에 '인간적'이라는 수식어를 첨부하면 사태는 걷잡을 수 없이 커지게 됩니다. 철학이란 인간적 삶에 대한 질문, 곧 "인간은 무엇으로 사는가"를 그 고유한 질문으로 하여 자라난 거대한 정신적 구조물인 셈이지요. 사태를 수습하기 위해 의미의 대상을 규정하는 섣부른 환원 작업을 거치게 되면, 당장 속은 편할지 모르지만 곧 후회의 시간에 내상을 입게 됩니다. 아쉽게도 철학의 역사는 후회와 회한의 역사라고 해도 과언이 아닙니다.

　현대 철학의 과거와의 변별점은 방법론적인 측면과 그들이 추구하는 목적에 있지 않습니다. 삶의 의미를 규정하기 위해 그 대상을 '바꿔치기'하는 수법은 구태의연합니다. 바꿔치기를 주 활동무대로 삼았던 전통 철학은 보편성이라는 이름하에 존재와 비존재, 선과 악, 미와 추, 나와 타자의 이분법적 분리를 근간으로 하는 학문입니다. 그러나 '규정지음'을 특징으로 하는 근대가 끝나 가며 현대에 이르기까지 철학사는 인류 역사에 유례없는 전란기를 맞게 됩니다. 인간적 삶의 '보편적' 양식을 규정했던 고전적 형태와는 반대로 인간의 다양한 '있음'의 방식을 긍정하고 그 권리를 회복시키는 세심한 배려자로 자리매김하게 된 것입니다.

이 저서는 실제 수업의 내용과 그 결과물을 근거로 만들어진 것입니다. 현대적 사유에 나름 발걸음을 맞춰서 가르침과 배움을 넘어 겨드랑이에 숨겨진 날개를 학생들 스스로 마음껏 꺼내 펼 수 있도록 시간과 공간을 최대치로 비워 놓았습니다. 나를 바라보는 학생들의 시선이 나의 시공간과 만나는 겹쳐짐 속에서 내가 알지 못하는 언어가 생성될 수 있도록 '내려놓음'을 공유하기도 했습니다. 저서 곳곳을 수놓고 있는 인용문들은 이렇게 낯선 과정을 통해 탄생한 과제의 일부분들입니다. 퍼즐조각 맞추듯 끝까지 집중력을 잃지 않아야 무언가 얻을 것이 있었던 난해한 수업방식에도 불구하고 마음과 정성을 다해 과제를 제출해 준 학생들과 이 저서를 함께 나누고 싶습니다. 아무런 조건 없이 원고를 흔쾌히 수락해 준 세창출판사 김명희 실장님, 교정과 편집에 수고를 아끼지 않은 편집부 선생님들에게도 고마움을 전합니다.

차 / 례

아무것도 배우지 마라

강의실이 온통 떠들썩합니다. 이렇게 우리는 직전 학기처럼 익숙함 반, 설렘 반, 거기에 새로운 아이템, 구성, 각오 등으로 맛을 낸 또 다른 학기를 시작합니다.

철학적 상상력과 표현!

강의실을 가득 채운 학생들의 호기심 어린 눈초리가 나를 맞이합니다. 개강 이후 첫 시간입니다. 이들은 무슨 생각으로 이 수업을 선택하고 이 자리에 앉아 있는 걸까요? 대부분의 교양 강좌가 그렇듯, 학생들에게 여분의 무엇인가가 어쩌면 이번 학기에는 이 수업의 운명이 될지도 모릅니다. 전공을 채우고 남은 여분의 시간, 약간의 망설임과 선택, 수강신청을 하며 이리저리 쟁여 지고 온 암호 같은 강의 계획서, 상식이라고 믿기 힘든 오지랖 팬질 등 몇 가지 소소한 대학의 일상이 이 수업을 잘 묘사하고 있습니다. 이럴 때는 기대에 어긋나지 않게 책임을 다하는 것이 중요할지도 모릅니다. 아주 느긋하게 편안한 시간을 보내며, 가끔 학생들의 깊은 참선參禪을 방해하지 않는 정도가 강의자에겐 최선일지도 모릅니다. 수업을 '한다'기보다 '즐김'을 선호하는 나에게 이러한 여분의 것들은 어쩌면 나의 본질이자, 온전한 나만의 무엇이 될 수도 있겠군요.

세대 간의 차이에도 불구하고, 이들이 원하는 바를 대충은 알 것도 같습니다. 학원에 입학하기 위해 학원을 다닐 정도로 학원식 사육에 익숙한 이들은 이른바 '학원세대'입니다. 속도에 익숙해 있으며 수동적으로 전수되는 정답식 정보에 목말라하는, '스펙증후군'을 그림자처럼 달고 다니는 가련한 영혼들입니다. 비난이 아닙니다. 오히려 기성세대의 단면을 직설적이고 적나라하게 비춰 주고 있기에 자기반성의 거울이 된다는 일종의 자책입니다.

나는 이들과 함께 철학적 상상력을 경험하는 어려운 4개월간의 여정을 해야 합니다. 말이 '어려운'이지 사실상 '불가능'으로 읽어야 합니다. 자격증이라곤 주민등록증과 운전면허증 달랑 두 개만을 가지고 있는 내가 이들에게 줄 수 있는 고급진 정보는 거의 없습니다. 그렇다면 불가피한 선택만이 나를 기다리고 있습니다. 이들은 스스로 새로운 사고의 틀과 삶의 방식으로 이 수업을 맞이해야 하는 것입니다. 그런데 이조차도 녹록지 않습니다. 관성의 법칙으로 굳어진 삶을 되돌릴 수 있는 유일한 주체는 그들 자신밖에 없기 때문입니다. 나는 지금까지 그들에게 익숙한 환경으로부터 나와 스스로 새로움에 도전할 수 있도록 용기를 북돋을 수 있을 뿐입니다.

"철학적 상상력이란 무엇일까요?"

상투적인 자기소개를 무시하고 내뱉은 나의 첫마디입니다.

"여러분이 이 강좌를 통해 나에게 원하는 것이 무엇인가요? 여러분은 나로부터 철학적 상상력이 무엇인지에 대한 정해진 매뉴얼을 기대하나요? 컴퓨터상에서 목록이 자동 정렬되듯이 일목요연하게 개념정리를 해 줄까요? 그것을 원하며 지금 여기에 앉아 있는 학생들이 있다면, 수강신청을 위해 키보드를 누른 손가락을 원망하게 될 것입니다. 여러분이 나로부터 철학적 상상력이 무엇인지에 대해 조금이라도 배우려고 하거든, 반드시 기억해야 될 격언이 있습니다."

중요한 멘트를 앞두고는 잠시 숨을 골라야 합니다. 벌써 참선모드에 들어간 학생이 있는지 잠시 주위를 살핀 후 나는 말을 잇습니다.

"아무것도 배우지 마라."

"어른들의 말을 절대로 믿지 말라"는 조언은 세월호를 경험한 세대에게 충분히 일리가 있어 보입니다. 그런데 배우는 것까지도 하지 말라니요? 학생들의 표정에서 스쳐 지나가는 당혹감을 나는 놓치지 않습니다. 이쯤 되면 대성공입니다. 첫 시간에는 보통 한 학기 분량의 강의 계획과 목적, 수업방식과 같은 오리엔테이션이 주가 되어야 하지만 나는 그렇고 그런 일반적 통과의례가 스마트한 세대를 지루하게 할 것이란 사실을 압니다. 수동적으로 '스킵'당하기 전에 나는 학생들에게 저항의 자유를 부여코자 합니다. 잉여존재가 되지 않기 위해 몸부림치며, 외부로부터 주어지는 것들에 순응하고 만족하면서, 시장의 조건에 자신을 맞춰 가는 데 익숙한 이들에게 헌법이 보장하는 거부권과 묵비권을 부여하고 싶었던 것입니다.

세상에 조금이라도 저항할라치면, 통한의 한판 패가 예상되기에 젊음의 패기를 부추기는 일은 다소 무책임해 보입니다. 취업 역량을 강화시켜 준다는 '취업 컨설팅'을 진행해도 시원찮을 마당에 세상과 맞서 싸우라니요? 이게 말인가요, 방구인가요? 그럼에도 최소한 명목상이나마 대학은 여전히 '무로부터의 창조와 혁신'을 위해 특화된 공간이기에 불가능조차 낭만적으로 보일 수 있습니다. 조금 거창하게 말해 보자면, 철학적 상상력의 상당 부분을 메우고 있는 자유에 대한 이론을 수업이라는 삶의 한가운데서 실험해 보고 싶은 것입니다. '자유'라는 주제로 박사학위 논문을 쓰기 위해 머리를 질끈 동여매고 있을 대학원생에게 가장 필요한 것도 바로 이러한 삶의 한가운데서 자신만의 자유의 의미를 발견하는 일일 것입니다.

"지금까지 여러분에게 익숙했던 교육방식은 더 이상 유효하지 않습니다. 수업의 원활한 진행을 위해 여러분들의 적극적이고, 주체적인 참여가 중요하다는 말입니다."

상황을 과도하게 고조시키지 않고 한발 물러난 이유는 지적과 훈계질에 익숙한 세대에게 동일한 경험을 안겨 주지 않기 위해 나만의 가면이 필요한 탓입니다. 사자가 사슴을 사냥하듯 자연스럽게 날 선 자세로 나는 목소리 톤을 올려 갑니다.

"반응이 없으면 곤란하잖아요. 세 시간 동안 혼자 떠들고 싶지는 않습니다. 역지사지易地思之! 입장을 바꿔 놓고 생각해 보세요! 여러분이라면 좋겠어요? 내가 여러분에게 문제의식을 던졌을 때, 어떤 식이로든 자신을 표현해 낼 수 있는 학생들은 이제 우리의 상상력을 가로막는 장애물을 부수고 그 안으로 들어갈 망치를 들고 있는 셈입니다."

나는 다시 한번 묻습니다.

"여러분, 나한테 원하는 것이 무엇입니까? 이 수업을 통해 진정으로 여러분이 얻고자 하는 것이 있다면 지금 말하세요. 혹시 생각해 보지 않았다면, 한 주간 시간을 줄 테니 생각해 보세요. 얻고자 하는 바가 생각나지 않거든 과감히 수강변경을 하고, 자신이 진정으로 원하는 것이 있거든 확실히 입장을 표명해야 합니다. 행여 멋쩍거나, 부끄러워서 말을 못할 것 같으면, 무기명이라도 좋으니 내 책상 위에 쪽지라도 올려놓으세요."

바보가 아니라면, 학생들이 나에게 무엇을 원하는지를 알기란 그리 어려운 일은 아닙니다. 그 어느 세대보다 빨리 '먹고사니즘'에 내몰린 이들에게 삶의 의미를 추구하는 철학적 상상력이란 먹고살 만한 사람들의 지적 허영심이나 사회적 격을 포장하는 액세서리일지도 모릅니다. 나도 역시 동의하는 편입니다.

"원래 젊음의 행진이 아픔 아닌가요?"라며 파이팅을 외치던 자기계발서가 난무한 적이 있었는데, 뭔가를 쓰고 싶은 욕구를 신의 인내심으로 참았습니다. 어차피 내 말은 소나 개나 다름없는 미물에 그칠 것이 뻔하기 때문입니다. 처음부터 먹고살 만한 이들은 아픔을 책으로 배워서 깨달음의 보고로 여기는 경향이 있습니다. 말 몇 마디가 주눅이나 우울증을 이겨 낼 수 있다고 믿는 것이지요. 아픔을 겪는 사람들이 들에 핀 잡초조차 부러워하는 일은 자연만이 선사할수 있는 값진 위로입니다. 극복과 치료의 사안이 절대로 아니라는 뜻입니다. 아마 학생들이 나에게 갖는 선입관도 크게 다르지 않을 거라고 봅니다. 부모의 주머니 사정은 고려치 않은 채 비싼 장난감을 수시로 사달라고 조르는 어린아이의 철없음으로 느껴질지도 모르는 일입니다.

학생들이 이 강좌로부터 얻고자 하는 바는 아마도 대학생이라는 사회적 가면에 필요한 약간의 철학적 지식일 것입니다. 선택의 동기도 그리 어렵지 않게 추측할 수 있습니다. 시장에서의 성공을 위해 필요한 적절한 인문학적 지식이 아마도 엔터키를 누른 선택의 주된 동기일 것입니다. 매우 현실적인 조건들이지요. 분식집 3년이면 개도 라면을 끓인다는 말이 있습니다. 강의 경력만 벌써 10년이 넘어가고 있습니다. 내가 이를 모를 리 없습니다.

하지만 비록 형식적인 제안일지라도, 학생들에게 선택의 권리를 다시 한번 부여하는 일은 교육상 반드시 필요한 것 같습니다. 교수가 강의의 모든 과정을 미리 정하고, 추후에 수강생들은 제공된 옵션 가운데 몇 가지를 선택하여 수동적으로 교과과정을 이수하는 것이 대부분 대학의 커리큘럼입니다. 이러한 타성과 관성에 맞춰 강의를 진행하다 보면, 마지막에 뒤통수를 맞는 일이 한두 번이 아닙니다. "원하는 수업이 아니었다"는 원망 어린 수업후기를 결과물로 테이블 위에 올려놓아야 하는 것이지요. 그런 학생들에게는 정말 미안한 일입니다. 원하지도 않았던 수업을 수동적으로 선택한 학생에게 한 학기라는 시간은 고문과도 같을 수 있습니다. 당연히 좋은 성적을 기대하기도 힘듭니다. 이때쯤 되면 방어본능이 나로 하여금 무언가를 준비하도록 만들어 줍니다. 준비해 갔던 오리엔테이션을 위한 피피티를 내립니다. 돌파구를 찾아 줄 인용구가 필요했기 때문입니다.

"사람은 누구나 자신이 사랑하는 것을 위해서만 최선을 다할 수 있다."

서양 철학의 아버지, 플라톤Plato의 격언입니다. 플라톤을 썩 좋아하는 편은 아니지만 이 말에 있어서만큼은 토를 달지 않습니다. 내가 워낙 하고 싶은 일만 골라 가면서 자발적으로 격동의 시대를 살았기 때문입니다.

"누구나 마찬가지입니다. 누구나 자신이 사랑하는 것을 위해서만 최선을 다할 수 있는 것이지요. 관심도 없었고, 원하지도 않았던 강의란 단지 거부감만을 야기할 따름이며, 이런 상황에서 수업의 감동을 기대하기란 애당초 불가능한 일입니다. 행여 그런 학생들이 있다면 내가 정말 미안한 일이지요. 누군가가 나에게 원하는 것이 있다면 소통의 문은 항상 열려 있습니다. 혹시 자신이 원하는 강의 주제나 토론사항이 있다면 꼭 주장해 주기 바랍니다. 그것이 여러분이 나를 도와주는 것이며, 강의 중에 정신적으로 피곤해하는 사람을 피하는 최선의 길입니다."

나는 학생들이 수업에 적극적으로 참여해야 한다는 당위성을, 표를 달라고 간절히 호소하는 정치인처럼 절박한 심정으로 내질렀습니다. 이어서 전체 강좌의 목표가 이어집니다.

"이번 강좌의 첫 번째 목표는 자신으로 돌아가는 것입니다. 이것을 위해 여러분은 이 강좌에서 아무것도 배우지 말아야 합니다. 어때요? 경사 났지요?"

나의 멋쩍은 웃음에 학생들이 따라 웃습니다.

"호랑이 담배 피우던 시절 나도 대학을 다녀 봤지만, 무언가를 수동적으로 배운다는 것이 얼마나 어렵고 힘들며 지겨운 것인지 여러분이 말하지 않아도 잘 알고 있어요. 필기하지 마세요. 배우지도 마세요. 그 대신 여러분이 해야 할 일은 …?"

잠시 뜸을 들인 후 말을 잇습니다.

"여러분이 이 강좌에서 해야 할 일은 자신을 찾는 것입니다. 나는 여러분에게 무언가를 가르치는 수업의 주체가 아니라, 여러분이 스스로 무언가를 찾을 수 있도록 환경을 만들고, 필요하다면 도움을 주는 보조자일 뿐입니다."

학생들의 얼굴이 사뭇 진지해져 감을 느낍니다. 무엇을 가르칠지, 어떻게 배워야 하는지 등 수업의 모든 부분을 자신들에게 떠넘기고 있는 내가 이상하게 보일 것입니다. 야속한 듯 호기심 어린 눈초리에도 아랑곳하지 않고 나의 언변에는 거침이 없습니다.

"그 무엇도 배우지 않습니다. 우리의 과제는 자신의 것을 찾아 가는 데 있습니다. 철학적 상상력이란 무엇인가? 나에게 정답을 기대하고 있다면, 수업이 그대들을 속일 것입니다. 내가 상상력이라는 단어를 썼는데, 아마도 이 단어는 여타의 인문학 저서에서 쉽게 접할 수 있을 것입니다. 하지만 익숙한 언어를 떠올려서는 안 됩니다. 왜냐하면 내가 사용하는 개념은 나만의 언어이기 때문이지요. 동시에 여러분의 언어가 되어야 합니다. 흔히 상상력이라고 하면 우리의 오감이 닿는 곳, 우리의 현실이 머무는 곳에서 벗어나 정확하게 그 건너편을 의미합니다. 예컨대 SF 영화는 상상력이 돋보여야 흥행이 됩니다. 틀린 말은 아닙니다. 이것을 좀 더 적극적으로 해석해 보면, 상상은 현실의 너머가 아니라 임박한 현실이 되어야 합니다. 상상력을 춤추게 하라고 조언하는 새로운 시대는 어떤 식으로든 정박한 현실을 넘어서려는 욕망을 표현하고 있지요. 우리가 사용하는 상상력이라는 단어는 우리의 삶을 이끌고 있는 익숙한 것을 넘어선다는 의미로 사용할 것입니다."

숨을 고르기 위해 나는 잠시 침묵을 지킵니다. 참고로 교수는 침묵을 지키는 일에 어색해할 필요는 없습니다. 오히려 침묵에 관대해야 한다고 생각합니다. 참선모드에 돌입한 학생들에게 주의를 환기시킬 수 있는 가장 좋은 방법은 잠시 말을 내려놓고 서툰 침묵을 불러오는 행위입니다. 이제 집중력이 살아나기 시작합니다.

"예를 한번 들어 볼까요? 여러분은 굳이 철학적 상상력이 무엇인지를 고민하지 않아도 살아가는 데 애로사항이 없습니다. 그렇죠? 굳이 어려운 철학적 사고를 하지 않아도 돈과 투자의 기본 원리를 익힐 수 있으며 충분히 부자 아빠로, 성공한 사회인으로 살아갈 수 있는 거지요. 살아남는 일은 자연적인 것입니다. 우리의 선조도, 우리의 부모도, 우리의 이웃도 그렇게 생존해 왔습니다. 살아남기 위해 섭생攝生에 애쓰며 누구보다 성공하기 위해 노력하는 모습은 살아 있는 모든 생물체의 공통분모입니다. 여기서 철학적 상상력이 필연적으로 개입할 여지는 없어 보입니다. 그럼 철학적 상상력은 왜 그리고 어디에 필요한 것일까요?"

철학적 상상력이 필요한 이유를 묻는 나의 질문에 학생들은 긴장

반, 호기심 반으로 내 눈치를 살핍니다. 긴장은 충분히 이해할 수 있는 경우입니다. 철학적 상상력의 내용에 대해서는 일언반구 설명하지도 않고 그것의 필요성부터 묻고 있으니 말이지요. 질문의 우매함을 지적질할 만큼 대범성을 보이지 못하는 학생들을 뒤로한 채 나는 말을 이어 갑니다.

"철학적 상상력이란 자연의 한 조각으로 살아가는 자신의 모습을 되돌아보는 것입니다. 즉 '거리 두기'로부터 비롯된 정신적 여백의 미학입니다. 이러한 거리 두기의 여정은 해도 되고 안 해도 되는 여분의 활동이 아닙니다. 미지로부터 오는 알 수 없는 이 체험을 통해 자신의 가치와 정체성에 이르게 되는 자연스러운 과정을 말하고 있는 것입니다. 철학적 상상력의 필요성을 언급하며 마치 운명처럼 '어찌할 수 없음'을 강조하는 것은 지극히 당연해 보입니다. 막다른 길에서 우리가 선택할 수 있는 것은 오직 하나뿐이기 때문입니다."

사뭇 암호처럼 쏟아지는 엄청난 개념의 조합과 공공연한 언어적 유희에 학생들의 집중력에도 한계가 보이기 시작합니다. 경험상 알고 있습니다. 이때쯤이면 한 번 쉬어 주어야 한다는 사실을.

"음… 잠시 쉬었다가 계속합시다."

오늘은 본격적인 첫 시간입니다. 이 정도면 대충 강좌의 성격이 드러나기 마련입니다. 경험상 몇몇 학생들은 쉬는 시간을 이용하여 자리를 뜰 것입니다. 질량보존의 법칙이 시공간을 초월한 만고불변의 진리라는 생각은 대학 교양 수업을 한 번이라도 해 본 사람이라면 절대로 고집할 수 없는 주장입니다. 첫째 시간과 둘째 시간 사이에 존재하는 질량 차이는 현저합니다. 첫 주 동안만큼은 수업 내용과 방식이 마음에 들지 않으면 언제든지 수강변경이 가능하기 때문에 굳이 오늘 이 법칙을 확인할 필요는 없습니다.

언젠가 한 지인에게서 조언을 받은 적이 있습니다. 철학 수업은 전공이든, 교양이든 그리 많은 수강생이 몰리지 않으니 첫 주 동안만큼은 학생들의 원초적이고 본능적 성향에 충실하라고 말입니다. 대학생의 본능적인 욕구는 편안한 수업과 느슨한 학점 시스템에 달려 있습니다. 교양 강좌를 담당하는 교수의 수업 난이도는 랜덤 제구라서 그냥 가만히 있어도 볼넷으로 걸어 나갈 수 있어야 한다는 의미입니다. 갑자기 잡생각과 상념에 휩싸여 눈초리가 창문 너머를 찾습니다. 정말 편한 수업은 어떤 수업일까요? 내가 추구하는 수업방식은 확실히 편한 수업입니다. 입버릇처럼 학생들에게 늘 강조하는 말이 있습니다. 세상에서 제일 편한 자세로 수업에 임할 수 있다는 말입니다. 심지어 뜨개질을 하며 수업을 경청할 수 있다고 …. 농담이 아닙니다. 그런데 학생의 입장에서 편한 수업은 자세에 국한된 것은 아닐 것입니다. 이 문제도 오늘 다시 정리해 봐야 하겠습니다. 그 사이에 벌써 십여 분이 지나갔나 봅니다. 학생들이 자리에 앉아 서로 잡담을 나누고 있습니다.

"철학적 상상력이란 자신에 대한 이해로부터 비롯합니다. 자연적 삶에 대한 이해가 아니라 그것을 넘어서 자신의 두 발로 설 수 있는 자연스러운 자기이해를 말하는 것이지요. 철학적 삶이란 자연적 삶을 반성하는 것이고, 그 중심에는 바로 '나', 즉 여러분이 있는 것입니다. 인간에게는 이러한 자연적 자신의 돌아봄이 자연스럽다는 의미입니다. 철학적 상상력의 출발점은 거리 두기의 주체적 의식에 있습니다. 주체라고 해서 배타적 의미의 자아를 말하는 것이 아닙니다. 자신을 이해하는 중심을 의미합니다. 본능에 충실한 생물학적 중심을 의도하는 것이 아닙니다. 자신으로 인해 하나의 세계가 만들어지는 의미의 중심을 언급하는 중입니다. 누가 자연적 본능을 뛰어넘는 인생이라는 작품을 쓸 수 있는 것일까요? 우리는 배우임과 동시에 연출가이며, 작가임과 동시에 감독입니다. 여기서 누가 인생이라는 생생한 울림이 있는 감동적인 연극을 무대에 올릴 수 있을까요? 자신을 이해하는 능력이 남다른 사람에게만 가능한 일입니다. 우리 모두가 흙과 함께 살다가 생존경쟁으로 자신을 소진하며, 종국에는 흙에다 생명의 뿌리를 묻어야 하는 애처로운 목숨인 것은 사실입니다. 그렇다고 우리가 자연의 한 조각으로 살다 먼지처럼 흩어져야만 하는 것은 아닙니다."

지금쯤이면, 분명 흐름을 한 번 끊고 가야 할 타이밍입니다. 사람이 집중할 수 있는 시간은 20분 정도입니다. 더 진행을 하면 상상력은 고사하고 원치 않는 참선 수업을 하게 될지도 모르기 때문입니다. 애써 질문을 위한 질문을 던집니다.

"여기까지 혹시 질문 있나요?"

나는 잠시 뜸을 들인 후 말을 잇습니다.

"자연의 조각만으로는 인생이라는 문학작품을 쓸 수가 없어요. 관객에게 감동을 주는 연극을 올릴 수 없다는 말입니다. 어떤 식으로든 글을 쓰거나 연극을 만들 수는 있을지 모르겠네요. 하지만 분명한 건, 그것은 참을 수 없을 만큼 지루한 작품이 될 거라는 사실입니다. 더 중요한 사실은 참을 수 없을 만큼 가벼운 무대가 갑자기 참을 수 없을 만큼 무거운 존재가 되어 우리의 삶을 내리누르게 될 거라는 점이에요. 오늘날 우리 사회가 안고 있는 자기 정체성의 혼란은 언급한 상황을 단적으로 묘사해 주고 있지요. 이번 강좌의 목표는 이것입니다. 자신을 이해하는 것, 그로부터 자신이 '누구'인지를 이해하는 것입니다. 대상을 의미하는 '무엇'에서 실존의 언어인 '누구'로 나아가는 여정에서 여러분은 철학적 상상력의 문턱이 아니라, 이미 그 한가운데에 서 있게 될 것입니다. 굳이 철학사와 그 이론들을 돌아보지 않아도, 철학사에 등장하는 수많은 정신적 왕자들이 사용한 언어를 줄줄이 외우지 않아도 이미 여러분은 철학적 상상력의 본질을 살게 될 거라는 의미이지요."

학생들에게는 좀처럼 이해하기 쉽지 않을 것입니다. 자신을 이해하는 일이 철학적 상상력의 중심부에서 도도히 흐르는 심心이 될 수 있다니요? 그렇다면 굳이 상상력을 수업 주제로 쓸 필요가 있을까요? 자신을 모르는 사람이 세상에 어디 있을까요? 그런데 한눈에 들어온다고 만만히 보다가는 큰코다칠 수 있는 산이 자기 정체성이라는 뒷동산입니다.

"당신은 누구인가요? 이 질문이 쉬워 보이나요?"

이 질문에 자신 있게 대답할 수 있는 사람은 그리 많지 않습니다. 이름을 묻는 게 아닙니다. 어느 대학을 다니고 있으며, 부모가 어떤 직업에 종사하고 있고, 또 지금까지 어떤 스펙을 쌓아 놓았는지를 묻는 것이 아니기 때문입니다.

"그럼에도 언젠가는 이 질문의 의미를 알게 될 것입니다. 여러분들은 언제 자신이 누구인지를 진지하게 묻게 될까요? 언제 이 질문을 단순히 학문적 질문이 아니라, 실존적 질문으로 느끼게 될까요? 그렇습니다. 극단적으로 표현해 보면, 인생의 힘든 고비를 맞아 절망의 갓을 쓰고 슬픈 미소로 한강다리를 향해 발걸음을 옮길 때일 것입니다. 내가 누구일까요? 이때부터 우리는 지금껏 알아 왔던 자신에 대한 정보가 그저 이미지에 불과했음을 알게 됩니다. 정체성과 관련된 질문이 현상을 넘어 본질을 추구하는 인문학자에게 왜 중요한 과제가 되었는지를 이해할 수 있는 대목입니다."

학생들의 이해를 돕기 위해 우리 사회를 쥐고 흔드는 사회적 현상을 사례로 들어 본 것입니다. 우리나라는 현재 10년 이상 동안 OECD 국가에서 자살률 1위 자리를 굳건히 지키고 있습니다. 더 심각한 점은 앞으로도 오랫동안 이 지위가 불변할 거라는 불길한 전망에 있습니다. 도대체 왜 이러는 걸까요? 단군 이래 5,000년의 역사에서 오늘날처럼 경제적으로 풍요로운 시기가 없었다는데, 하루에 45명에 가까운 사람들이 스스로 목숨을 끊고 있는 것입니다. 갑자기 자살이라는 단어가 등장하자 학생들의 눈동자가 흔들립니다. 역시 우리 모두에게 낯선 단어가 아니라는 점이 분명해졌습니다. 우리가 우리 자신을 이해하는 방식에는 두 종류가 있음을 설명하기 위한 특단의 조치입니다. 나는 계속 말을 잇습니다.

"우리가 자신을 이해하는 방식에는 두 종류가 있습니다. 하나는 자연적으로 주어진 방식이고 다른 하나는 스스로 만들어 가야만 하는 과제와도 같은 생의 방식입니다. 전자가 인간에 대한 자연과학적 분석의 대상으로 '무엇'을 묻고 있다면, 후자는 인문학이 관심을 갖는 의미와 상상력의 세계입니다. 여기서 우리는 인간의 '누구'를 묻게 됩니다. 인간은 자연적 상태에서 분리되면서 호모 사피엔스라는 별칭을 얻습니다. 양자의 경계선에서 발휘하는 능력이 이성의 힘이지요. 자연과학은 이성이 발휘하는 수학적 능력과 인과법칙을 근거로 인간을 만물의 영장으로 성장시켰습니다. 엄밀한 의미에서 이성의 능력은 상상력과는 크게 상관이 없습니다. 2+2는 정확하게 4입니다. 동일률은 질서를 상징합니다. 인간의 진화가 질서정연한 시스템의 진화로 이어진 것을 우연으로 보기는 어렵습니다. 동물들은 본능적으로 자연의 질서를 따라가지만, 인간은 수학의 공식을 통해 자연적 엔트로피entropy를 줄여 갑니다."

인간에 대한 두 종류의 이해가 우리의 주제와 어떤 연관이 있는 걸까요? 특히 철학적 상상력에 관련된 부분에서 학생들은 혼란스러워합니다.

"인간이 존재하는 두 종류의 방식을 우리의 일상과 연결시켜 봅시다. 누구나 태어난 모양새가 있고 스스로 만들어 가야만 하는 존재의 방식이 있습니다. 금수저로 태어난 사람?"

대답이 돌아올 리 없습니다.

"예상대로 대답이 없군요. 그럼 흙수저로 태어난 사람?"

역시 답변이 없습니다. 학생들의 멋쩍은 머뭇거림을 대신한 웃음을 뒤로한 채 나는 말을 이어 갑니다.

"인간에게는 타고난 자신의 모습이 있고, 스스로 만들어 갈 수 있는 모습이 있습니다. 이것이 동물과 다른 점이지요. 사자는 사자의 모습으로 태어나 평생 그 옷을 벗지 않습니다. 사자가 사슴처럼 살 수는 없습니다. 낙타가 강아지처럼 살 수 없듯이 말입니다. 하지만 인간은 인간으로 태어나지 않습니다. 자신이 자신을 어떻게 이해하느냐에 따라 미래가 무한한 가능성으로 열리는 것이지요. 여러분의 젊은 나이가 이러한 무궁무진의 중심부를 관통하고 있다는 사실을 알아야 합니다. 때론 미래가 열려 있다는 것이 여러분에게는 참을 수 없는 부담으로 느껴지겠지만, 그것을 오히려 축복으로 여길 수 있다면 지금부터 상상력의 범위는 무한대로 확장됩니다. 스스로 만들어 가는 이 가능성이 철학적 상상력에 그대로 적용되기 때문입니다."

철학적 상상력은 수학의 동일률과 인과법칙의 당연함을 넘어서 무언인가를 이해할 수 있는 능력에 달려 있습니다. 인생이라는 달리기를 예로 들어 봅시다. 달리기에서 먼저 출발한 사람은 당연히 유리합니다. 금수저는 이미 많은 것들을 갖추고 있기에 그가 종착역에 먼저 도착하는 것은 당연한 수순입니다. 원인과 결과를 가지고 생각하면 뻔할 뻔 자인 것이지요. 정의롭지 못하다구요? 절대 아닙니다. 현대 사회는 금수저의 존재를 적극적으로 활용하고 있습니다. "부러워하지 않으면 그게 지는 거다"라고 원초적 욕망을 부추겨 소비 사회를 움직이는 수레바퀴의 원동력으로 이용하고 있는 것이지요. 금수저의 갑질에 비난이라는 과속 방지턱을 마련하고 있을 뿐, 사회적 정의는 오히려 금수저의 존재를 중심으로 회전하고 있답니다.

거의 마감시간이 임박하고 있습니다. 원래 첫 시간은 30분 이내로 요약하여 정리해 주는 것이 진정한 교양인의 자세인데, 교양 수업의 첫인상으로는 거의 낙제점입니다. 벌써 꼬박 3시간을 다 채우고 있습니다. 고학년 학생들에게는 일진이 사나운 하루로 기억될 것입니다. 그래도 한 가지만은 경험으로 기억되겠네요. 어떠한 경우에도 선입관이나 고정관념을 가져서는 안 된다는 사실을 말입니다. 교양 강좌의 첫 시간이 이런 식으로도 진행될 수도 있음을 확실히 뇌리에 각인하고 있을 것입니다.

"오늘날 정의는 자연적으로 주어진 것을 불의라고 말하지 않습니다. 타고난 바를 인정하고 들어가기 때문입니다. 하지만 그것이 전부는 아닙니다. 여러분이 다른 세계를 꿈꾼다면, 그 세계를 스스로 싸워서 만들어야 합니다. 그래서 인간에게는 용기라는 선물이 주어져 있는 것입니다. 사자의 용기가 본능이라면, 인간의 용기 옆에는 의지라는 단어가 관심사를 일치시키고 보조를 맞추어 원하는 방향으로 이끌고 있습니다. 사자는 용감하게 싸우지 않아도 용감하게 태어난 것입니다. 독수리는 늘 날카로운 눈초리로 먹잇감을 찾도록 설계되어 있습니다. 그러나 여러분은 그렇지 않습니다. 여러분이 행여 흙수저로 태어났다면, 자신의 운명을 위해 투쟁하세요. 자신이 원하는 세상에서 살기 위해 주어진 당연함을 넘어설 수 있어야 합니다. 그 넘어섬을 가능케 하는 것이 곧 상상력임을 명심해야 합니다. 여러분은 자신의 행복을 스스로 얻어 낼 권리를 가지고 있다는 생각을 잊어서는 안 될 것입니다. 상상력은 권리를 위한 투쟁입니다. 오늘은 여기까지 하겠습니다."

절대로 포기하지 마라

에세이는 비교적 쉽고 자유로운 글
쓰기로 알려져 있습니다. 비슷한 양식에 동일한 글씨체, 정해진 양으
로 생존투쟁에 내몰려야만 하는 정형화된 글쓰기에서 벗어나 비교
자체를 비웃기라도 하듯 마음을 팔랑이며 유연함을 드러내는 자유
가 이른바 에세이라고 부르는 표현양식입니다. 자유를 상상력과 언
어로 표현하며 일정한 형식 속에 담아낸다는 사실이 다소 부담으로
느껴지지만, 이 역설이 혼란을 주기보다는 오히려 에세이를 부드럽
고 편안하게 만들어 줍니다. 표현할 수 없는 것을 어떤 식으로든 표
현하려는 욕망이 인간 정신의 역설적 비밀임을 감안한다면, 에세이
와 형식의 불편한 동거는 상상력의 온상이 될 수도 있습니다. 냇가의
아름다운 소리가 물이 품고 있는 돌멩이의 아픔에서 비롯된 것이듯,
인생이 뿜어내는 다채로움도 그가 몸소 겪은 숱한 역경과 딜레마에
빚지고 있는 것은 아닐까요?
　　에세이의 정의와 관련된 유명 포털 사이트의 설명도 우리의 생각

과 크게 다르지 않네요. "형식에 얽매이지 않고 듣고 본 것, 체험한 것, 느낀 점 따위를 생각나는 대로 쓰는 산문 형식의 짤막한 글"이라는 설명이 쉽게 눈에 들어옵니다. 외연을 좀 더 넓히고 상식적인 언어로 정리해 보자면, 에세이란 누군가의 평범한 시간을 담은 일체의 자연적 질그릇이라는 것입니다. 여기서 눈여겨봐야 할 논점은 평가와 관련된 부분입니다. 자연현상이 가치판단의 대상이 될 수 없듯, 누군가의 개성이 자연의 투박함 속에 담겼다 하여 이러쿵저러쿵 간섭할 이유가 없다는 의미입니다. 우리는 누군가의 글을 두고 옳고 그름, 좋고 나쁨을 따지는 윤리적 잣대를 마련할 의도가 전혀 없습니다.

자유의 원형이 에세이를 통과하고 있지만 생각과 관련된 표현의 자유가 그 경계선을 형성하고 있습니다. 에세이에도 삶의 경험을 통해서만 발견할 수 있는 체험된 진실이 필요하며, 사태를 재단하거나 논평하는 삶의 나이테가 요구됩니다. 이러한 최소한의 과속 방지턱은 '무로부터의 창조'라는 공허를 독자에게 부담 지우지 않기 위함입니다. 태곳적부터 흘렀을 법한 정신적 여유가 에세이의 중심부에도 여전히 흐르고 있다는 사실을 기억하는 것으로 충분해 보입니다. 그 정신의 여유에 손과 발을 넌지시 담그고 자신의 내면을 들여다볼 수 있다면, 이제부터 우리는 글을 쓴다는 것이 살아 있음의 한 방식임을 깨닫게 됩니다. 에세이는 자신의 세계와 시간을 물 흐르듯 기술하려는 적극적 의지인 동시에 엄습해 오는 삶의 현상을 담담히 받아 내려는 수동적 내려놓음인 것입니다.

이제부터 에세이라는 단어 앞에 철학이라는 단어를 붙여 논의해 봅시다. 어떤가요? 대부분은 당혹스러움을 감추지 못할 것입니다. 자유의 강에서 펼쳐지는 유연함이 갑자기 경계선이 모호한 망망대해에 떠 있는 듯 불안으로 바뀌는 순간입니다. 자연으로부터 분리되며 느꼈을 인간의 원초적 불안이 이랬을까요? 겨우 두 글자가 앞에 붙었을 뿐인데 이렇듯 참을 수 없는 무거움을 연출해 낼 수 있다니, 정말 철학이라는 학문이 난공불락의 요새임에는 틀림이 없어 보입니다.

그런데 철학이 이렇듯 불편한 연출을 애써 감행하는 것을 딱히 단점이라고 볼 수만은 없습니다. 오히려 우리 시대를 진단할 수 있는 강력한 무기가 될 수도 있습니다. 먹고사는 일에 대부분의 실천적 가치가 맞춰진 시대에서 철학적 사유가 보여 주는 거리 두기가 위력을 발휘할 수 있기 때문입니다. 철학에 대한 일체의 선입관을 괄호로 묶어 판단을 중지하고 사회적 관성에 무뎌진 우리의 오감을 살려 삶의 구석구석을 들여다보려는 용기를 가질 수만 있다면, 철학적 사유만큼 자연스러운 것도 사실 없습니다. '자연스럽다'는 표현은 거리 두기 자체가 자연으로부터 분리된 호모 사피엔스에게 가장 어울리는 '있음'의 방식이라는 의미입니다. 그러니 철학을 배척할 이유도 그 앞에서 주눅 들 이유도 없습니다. 자연의 리듬에 몸을 맡기면 불현듯 다가오는 새로움이 심적 부담이 아니라 기대와 설렘으로 느껴질 것입니다. 그렇게 우리는 생각한다는 것이 매우 즐거운 일임을 알게 됩니다.

시대의 반항아 니체는 생각하는 것이 즐거운 학문임을 틈만 나면 강조하곤 했습니다. 물론 그의 언어에는 분노와 슬픔이 껌딱지처럼 붙어 있지만 그것이 시대의 무서운 이념적 억압에 반항한 것이라면 각양각색의 오만과 불손, 변덕조차도 충분히 존재할 가치가 있어 보입니다. 지금 우리에게 필요한 건 닫힌 마음을 여는 일입니다.

철학적 상상력은
생각을 증명하는 글이다

이제 본격적으로 철학이라는 단어에 무게감이 느껴지는 이유를 차근차근 살펴보도록 하겠습니다. 이미지만 놓고 보면, 철학에서 풍기는 포스가 남다른 것은 사실입니다. 그래서일까요? 글쓰기와 관련된 서적이 자기 계발서처럼 불티나게 출간되는 와중에도 유독 철학적 글쓰기만은 거의 왕따 취급을 받고 있습니다. 어쩌면 사고의 핵심 영역을 차지하고 있는 거리 두기가 방향타를 잃은 셈입니다. 여기에는 나름 타당한 이유가 있습니다. 글쓰기와 관련된 서적은 누구나 쓰고 가르칠 수 있지만, 철학적 상상력과 표현은 저자에게나 독자에게나 그리 만만한 작업이 아닌 것입니다.

글쓰기 부분에서 편향성을 야기한 결정적인 이유는 또 다른 맥락에서 찾을 수 있습니다. 철학 에세이는 관련 분야의 입문서를 집필

하거나 특정한 철학 사조나 이론을 학습하는 과정에서 습득할 수 있는 기술이 아닙니다. 타인의 생각과 그것의 형성과정을 배워서 논문을 쓰고 박사학위를 받을 수는 있습니다. 박사가 넘쳐 나는 것을 보면, 남의 생각을 흉내 내는 일은 그리 어려워 보이지 않습니다. 그러나 박사라고 해서 남다르게 철학적 글을 쓸 수 있는 것은 아닙니다. 철학적 상상력과 표현은 주석서가 아니며 각주를 통해 질적으로 보완될 수 있는 것도 아닙니다. 산자락 돌탑 위에 담겨진 개인적 소망과도 거리가 있습니다. 특정 사조에 편승하여 사상을 신앙하는 태도는 대중적 공감을 얻기보다 이해관계에 따라 극과 극 온도 차를 증명할 뿐입니다.

우리는 철학 에세이와 관련하여 조금은 새로운 해석을 모색할 것입니다. 시중에 넘쳐 나는 재료와 일반적인 레시피 대신에 자연적인 날것이 이 책의 원재료가 될 것입니다. 얼핏 유기농으로 재배한 값비싼 토산물을 떠올릴 수 있겠으나, 우리의 재료는 가격으로 환산할 수 없는 것입니다. 가치가 없다는 뜻이 아니라 가치를 넘어선다는 의미입니다.

"이 세상에 가격으로 환산할 수 없는 것이 있기는 한 걸까요?"

아마도 누군가는 이런 질문을 던질지 모르겠습니다. 요즘 세태를 돌아보면 부정하기 곤란한 질문인 것은 맞습니다. 그런데 모든 것을 사용가치로 활용하는 소비 사회에서도 보일 듯 말 듯 인간이해의 지렛대로 활용되는 규칙이 있습니다. 독일의 근대 철학자 칸트의 언어가 우리에게 이해의 도움을 제공합니다. 인간은 가격이 아니라 존엄성을 갖는다는 선언이 그것입니다. 인간 중심주의적 주체를 강조한 근대라는 시대적 한계가 있기는 하나 칸트의 통찰은 철학적 상상력의 원재료를 떠올리게 하는 데 충분합니다. 가격의 위계질서에서 자신의 평범함이 침해당하는 것을 거부할 수 있는 지적 모험은 자연이 개인에게 선물한 고유성의 세계입니다. 이 세계가 인간 존엄성이 펼쳐지는 지평이며 이성, 논리, 규칙, 규제를 비롯한 모든 기득권을 비웃을 수 있는 철학적 상상력과 표현의 근거이기도 합니다. 이 지평 위에 용기와 실력으로 무장한 셰프의 손길이 닿는다면, 어느덧 우리는 세상에서 가장 고급스러운 언어의 향연을 체험하게 될지도 모릅니다.

'원재료', '실력', '향연' 등 범상치 않은 단어를 사용하고 보니 마치 철학에 담긴 심오한 내용을 가르치려는 의도처럼 보이는군요. 사실은 정반대입니다. 이 책의 목적은 오랜 지성사의 여정에서 여러 갈래로 뻗치며 상이한 의미가 겹겹이 퇴적된 철학이론을 분석하려는 작업이 아닙니다. 그것도 충분히 가치가 있는 일이지만, 우리의 관심 분야는 다른 데에 있습니다. 철학사를 화려하게 장식하고 있는 사고의 내용을 문제 삼는 것이 아니라면, 글의 형식이 문제인 것일까요? 부분적으로 우리는 철학 에세이의 전형적 형식들을 검토할 것입니다. 그러나 그것도 전부는 아닙니다. 더 중요한 것은 철학적 사유가 펼치는 상상력의 영역에 동행하는 일입니다. 에세이가 자유의 여신이 들고 있는 깃발을 상징하는 것이라면, 철학적 상상력은 각자의 겨드랑이에 숨겨진 날개를 펴고 드넓은 세계로 비상하는 과정인 것입니다.

여기서 반드시 주의해야 할 사항이 있습니다. 상상력의 세계는 외부로부터 억지로 주입하거나 선행학습을 통해 얻을 수 있는 시공간이 아니라는 사실입니다. 상상력이 무엇인지를 제대로 이해하기 위해서는 무엇보다 불현듯 겨드랑이가 가려움을 느낄 때, 주저 없이 자신의 내면을 들여다볼 수 있는 용기가 있어야 합니다. 달리 말하면 이렇습니다.

"자신의 것을 하라."

자신이 좋아하는 일을 하라는 말입니다. 말은 쉬운데 이렇게 살기는 참으로 버거운 법입니다. 우리의 의지가 약해서라기보다 현대의 소비 사회가 개인의 욕망을 자신의 입맛대로 만들어 버리기 때문입니다. 전문적인 용어로 말하면, 욕망의 식민지화가 진행된 것입니다. 만들어진 욕망을 제 것인 양 욕망하는 일에 인생의 대부분을 투자하고 있는 우리들에게 자신의 고유한 일을 떠올리게 하는 건 소귀에 경을 읽는 격이 됩니다. 개인이 처한 실존적 상황은 이 사태를 더욱 악화시키기도 하지요. 『참을 수 없는 존재의 가벼움』이라는 저서를 통해 우리에게 존재가 참으로 무거운 언어임을 느끼게 해 주었던 밀란 쿤데라의 입을 빌려 봅시다.

"그는 이러한 자신과 다투었다. 결국 그는 자신에게 말했다. 자기가 어떻게 해야 할지 모르는 것은 실은 아주 정상적이라고. 어떻게 해야 할지를 우리는 결코 알 수 없다. 왜냐하면 우리에겐 단 하나의 삶이 있기 때문이다. 우리는 이것을 이전의 삶과 비교할 수도 없거니와 이후의 삶에서 교정할 수도 없다."

단 하나의 가능성만이 현실화될 수 있는 삶의 실존성을 지적하고 있는 글입니다. 비교가 불가능하고 비가역적 성질을 띠고 있는 인간이 삶이라는 도정에서 자신이 정말 무엇을 원하는지, 자신이 무엇을 사랑하는지를 아는 일은 거의 불가능에 가깝습니다. 그럼에도 두드리는 자에게 축복의 문이 열리는 법입니다. 그 근처에라도 접근할 수 있는 사람은 자연스럽게 동기부여가 됩니다. 그 후에 상상의 날개를 펴고 비상하는 법을 배우는 과정은 자연스럽게 이루어집니다. 우리는 자신의 내부로부터 스스로 배우는 과정을 너무나 오랫동안 잊고 지내 온 것은 아닐까요? 한번 제대로 써 보지도 못하고 버려질 낯선 지식을 습득하기 위해 또 얼마나 많은 소중한 시간이 낭비되었는지도 생각해 봐야 할 것입니다. 정작 중요한 것은 습득한 내용을 자신의 세계에서 요리할 수 있는 정신의 능력에 달려 있을 텐데 말입니다. 다음 글을 읽어 봅시다.

그림을 본격적으로 그리기 시작한 것은, 그러니까 미술을 전문적인 곳에서 처음 교육을 받기 시작한 건 중1 때 미술학원을 다니면서부터였다. 중1 때 우연히 학교 앞에서 나누어 주던 미술학원 팸플릿을 보고 미술학원이라는 곳에 관심을 가지게 되었고, 정확히 말하자면 미술학원이라는 곳을 인식하게 된 계기라고 할까. 조금 충동적으로… 아니, 진짜 왜 그랬는지 나 자신도 알 수 없지만, 미술학원에 등록했다. 처음 접해 보는 연필이 신기했고, 켄트지가 신기했고, 미술용 지우개가 신기했고, 선생님이 그림 그리는 모습이 신기했고, 하다못해 정물대 위에 올려져 있던 사과마저도 신기해서 쳐다보던 그런 때가 나에게도 있었다니. 지금 생각해 보면 참 아련해지는 때가 아닌가 싶다.

만약 인격적 정체성이 이성적 능력이고 이성적 능력이 자신이 무엇을 사랑하는지를 이해하고 그에 따라 행동할 수 있는 능력이라면, 나는 아마 미술을 이성적 능력에서 제외시켜야 할지도 모른다. 내가 미술을 사랑하고 이해하는 것은 확실하지만, 생각해 보니 미술을 시작하는 그 순간부터 대학에 입학한 지금까지 내가 사랑하고 이해한 미술을 한 번도 제대로 실천해 보지 못했다는 생각이 든다. 그건 아마 지금 미술을 하고 있는 학생이라면 모두 다 격하게 공감할 말이라고 생각한다.

우연히, 진짜 우연히. 예술 고등학교라는 곳이 있다는 것을 카페에 올라온 글을 보고 알게 되었고, 그때는 왜 그런 생각을 하게 되었는지 알 수 없지만 우연히 알게 된 예고에 너무나도 가고 싶었다. 솔직히 말하자면, 미술을 진짜 해야겠다고 마음먹은 계기는 예고에 가고 싶어서였다. 그렇게 시작된 그림이었네, 지금 생각해 보니 … 참 드라마틱하기도 하고, 뭔가 되게 진정성 없어 보이기도 한다. 미술이라는 개념이 채 잡히기도 전에 미술학원에 다녔고 학원에서 가르쳐 주는 그림이 미술의 전부라고 생각하면서 그림을 그렸다. 마침 예고에 너무 가고 싶어서 마음이 들끓던 때 미술학원 선생님이 "너 예고 입시 한번 해 보지 않을래?"라고 했고 또 그렇게 우연히 대형 입시학원의 예고 입시반에 들어가게 되었다. 그때부터는 나는 그냥 예고에서 원하는 조건의 그림을 그리는 기계가 된 기분이었다. 4시간이라는 정해진 시간 안에서 3절지 종이 안에 앞에 놓인 석고상과 정물을 그려 내는 기계, 선생님이 가르쳐 주신 방법대로 선생님이 짜 주신 시간 안에 내 생각이라고는 눈곱만큼도 들어가지 않은 그림을 그리는 기계. 모순적인 말이지만, 나 스스로도 그렇게 그림 그리는 것이 좋지 않고, 하지 말아야 한다는 것을 알지만 사실 그렇게 입시를 하지 않으면 예고에 갈 수 없는 것이 현실이다. 이것도 지나서 생각하니 그랬었구나 … 하면서 생각하는 것이지, 그 당시에 학원에 앉아서 그림을 그릴 때는 이런 생각을 할 겨를조차 없었다. 잘 시간도 없는데, 생각은. 빈틈없이 굴러가는 하루 일과를 다 소화하기도 버거웠고, 공부와 그림 두 가지를 동시에 한다는 자체가 16살에게는 너무나도 힘들었다.

예고를 거쳐 성공적으로 대학에 진학한 어느 학생이 쓴 자기고백의 일부입니다. 대학에 입학하기까지 누구나 거쳤을 법한 평범한 듯 결코 평범하지 않은 길을 돌아본 일종의 자아성찰이지요. 혹자는 개인의 자질구레한 삶의 이야기가 상상력과 무슨 관련이 있냐고 반문할지도 모르겠습니다. 하지만 많은 뛰어난 언어의 미학자들이 고백록의 형태로 에세이를 썼다는 사실을 상기해 봅시다. 어거스틴의 『고백록』, 루소의 『고백록』, 파스칼의 『팡세』 등은 삶의 서사적 단면을 뛰어난 감성의 언어로 풀어낸 불후의 명작들입니다. 위의 지문이 방금 언급한 작품의 반열에 올라와 있다는 말은 아니지만, 최소한 습작으로는 손색이 없습니다.

위의 글은 상상력이 축약되어 녹아 있는 자기세계의 모습을 전형적으로 보여 주고 있지는 않습니다. 그러나 최소한 철학적 상상력이 어떠한 토양에서 자랄 수 있는지를 상징적으로 보여 주고 있습니다. 상상력은 자기세계로부터 나오는 것인데, 그 첫걸음은 자신을 돌아보는 것으로부터 시작하니까요.

윗글의 저자는 자신을 대학 입학의 통로로 안내해 준 성공적인 시간을 반성하고 있습니다. 경제적 성공이 가치척도의 알파와 오메가로 통하는 시대에 남다른 잣대를 들이대는 행위가 조금은 낯설어 보입니다. 오해하지 마세요. 경제적 성공이 무가치하다고 말하려는 게 아닙니다. 그렇다고 경제적 성공에 남다른 가치를 부여하는 것도 아닙니다. 삶의 모든 자락은 버릴 것이 없다는 것이 나의 신조입니다. 경제적 성공이 삶의 성공을 보증할 수 있다고 굳게 믿는 사람은 동전의 양면처럼 "얻는 만큼 잃는다"는 오랜 지혜를 상기할 필요가 있습니다. 놀랍게도 윗글의 저자는 성공의 이면에서 잃어버린 그 무엇을 세심하게 관찰하고 있습니다. 사랑하는 것을 찾아 실현하려는 '있음의 방식'이 새로움을 느끼는 원천이며, 이를 근거로 우리는 행복을 느끼게 됩니다. 결국 저자는 성공의 과정이 자신에게 결코 행복한 시간이 아니었음을 고백하고 있는 셈입니다. 고생 끝에 낙이 온다고 긍정적인 태도로 앞만 보며 뚝심으로 밀어붙여 만들어 낸 영광의 시간이 사실 다람쥐 쳇바퀴 돌듯 기계처럼 움직였던 죽은 시인의 시간이었던 것입니다.

우리는 흔히 아무 생각 없이 살지 말라는 충고를 듣곤 합니다. 엄밀한 의미에서 어불성설입니다. 생각 없이 사는 사람이 세상에 어디 있을까요. 아마도 목적 없이 빈둥거리지 말라는 투로 들립니다. 그런데 아르키메데스의 유레카εὕρηκα도 빈둥거림 속에서 나왔다는 사실을 알아야 합니다. 상상력은 정신적 여백과 떨어지려야 떨어질 수가 없습니다. 하물며 교과서에서나 나올 법한 정답을 삶에 적용하라는 요구는 기껏해야 박제가 되어 버린 천재만을 양산할 뿐입니다. 틀에 박힌 대본에 따라 죽은 내용을 그저 반복적으로 습득하는 시간을 살아온 사람에게 생각의 능동적 힘을 요구하는 일은 거의 고문에 해당할 것입니다. 사랑이 무엇인지, 인간적 자유의 본질은 무엇이고 아름다움이 무엇을 의미하는지에 대한 질문을 받게 된다면, 그들은 심히 당황하게 될 것입니다. 왜냐하면 이는 정답이 없는 질문이 아니라 정답 자체를 거부하는 질문들이기 때문입니다.

언급한 질문에 대한 답변은 지극히 개별적인 것들입니다. 달리 말하면, 개별적 체험을 바탕으로 한 창의적 답변만이 존재할 뿐입니다.

다음의 질문들에서 우리의 문제의식을 확인해 봅시다.

- 행복은 인간에게 도달 불가능한 것인가?
- 우리가 하고 있는 말에는 우리 자신이 의식하고 있는 것만이 담기는가?
- 철학이 세상을 바꿀 수 있는가?
- 철학자는 과학자에게 어떤 도움을 줄 수 있는가?
- 역사가는 객관적일 수 있는가?
- 역사학자가 기억력에만 의존해도 좋은가?
- 역사는 인간에게 오는 것인가 아니면 인간에 의해 오는 것인가?
- 감각을 믿을 수 있는가?
- 재화만이 교환의 대상이 될 수 있는가?
- 인문학은 인간을 예견 가능한 존재로 파악하는가?
- 인류가 한 가지 언어만을 말하는 것은 바람직한가?
- 예술작품은 반드시 아름다운가?
- 예술 없이 아름다움에 대하여 말할 수 있는가?
- 예술작품의 복제는 그 작품에 해를 끼치는 일인가?
- 예술작품은 모두 인간에 대해 이야기하고 있는가?
- 예술이 인간과 현실과의 관계를 변화시킬 수 있는가?
- 계산, 그것은 사유한다는 것을 말하는 것인가?

- 기술이 인간의 조건을 바꿀 수 있는가?
- 권리를 수호한다는 것과 이익을 옹호한다는 것은 같은 뜻인가?
- 자유는 주어지는 것인가 아니면 싸워서 획득해야 하는 것인가?
- 법에 복종하지 않는 행동도 이성적인 행동일 수 있을까?
- 여론이 정권을 이끌 수 있는가?
- 의무를 다하지 않고도 권리를 행사할 수 있는가?
- 노동은 욕구 충족의 수단에 불과한가?
- 정의의 요구와 자유의 요구는 구별될 수 있는가?

프랑스 대학입학 자격시험인 바칼로레아baccalauréat에서 출제된 문제 중 일부를 임의로 뽑아 본 것입니다. 철학적 상상력의 주제로는 더할 나위 없이 훌륭한 질문들인 것처럼 보이지만, 이 문제를 출제한 사람의 정신 상태도 심히 의심스러워 보입니다. 추측건대 출제자에게도 매우 까다로운 주제임에는 틀림이 없을 것입니다. 사디스트도 아니고 도대체 왜 이렇게 어려운 문제를 전문적 지식인도 아닌 청소년들에게 던지는 것일까요?

가장 먼저 생각해 봐야 할 것은 불필요한 오해를 피하는 일입니다. 문제의 출제자가 갓 대학의 문을 두드리는 젊은 학생들에게 철학사에 대한 해박한 지식을 묻고 있다고 생각한다면, 이는 번지수를 한참 잘못 찾은 것입니다. 출제의 의도 속에는 모범답안이 있을 리 없으며, 따라서 글을 잘 쓰기 위해 전문적인 사교육을 받을 필요도 없습니다. 정답이 없다면, 왜 이토록 난해한 질문을 쏟아 내어 학문의 세계에 진입하려는 사람들을 정신적 공황 상태에 빠트리는 것일까요?

행여 누군가가 질문의 의도 속에서 기성세대의 지적 오만함이나 가학심리를 꼬집으려고 한다면, 유감스럽게도 그는 잘못된 시간과 잘못된 공간에 서 있는 것입니다. 위 질문들은 그저 호모 사피엔스가 보일 수 있는 정신의 힘을 요구하고 있기 때문입니다. 교육의 목적은 사회질서의 유지와 재생산을 위해 기능하는 것만이 아닙니다. 인간을 조야한 기계처럼 다뤄서는 안 되는 이유가 여기에 있습니다. 정신적 힘의 고양高揚이 교육의 존재근거인 것입니다. 좀 더 자세히 설명해 봅시다.

동서양을 막론하고 현대인은 삶의 대부분을 교육에 투자하고 있습니다. 웬만한 동물에게는 일생에 해당할 수 있는 시간을 인간은 오로지 교육만을 위해 살아가고 있는 셈입니다. 대학에 입학하여 전문지식을 얻거나 직업교육을 받으며, 그 후에도 평생교육을 통해 다양한 사회적 능력을 획득해야 생존에 유리한 것이 사실입니다. 배워야 판검사도 하고 변호사, 교수도 할 수 있으니 배워서 남 주는 일이 뿌듯한 일이긴 하나 근원적인 사건은 아닌 것 같습니다.

그런데 그 과정이 길어도 너무나 깁니다. 이것을 어떻게 설명해야 설득력이 있을까요? 왜 우리는 바로 직업학교에 가지 않고 터무니없이 긴 시간을 교육과정에 할애하는 걸까요? 그것도 별 쓸데도 없어 보이는 내용을 얻기 위해서 말입니다. 일단 그럴싸한 변명을 찾아봅시다. 사회가 요구하는 정해진 지식을 습득하는 데는 그리 오랜 시간이 필요하지 않습니다. 단순히 지식의 양이 문제라면, 굳이 정규과정을 다 채울 필요도 없습니다. 개인의 능력에 따라 얼마든지 시간을 단축할 수 있다는 말입니다. 각 사회마다 정해진 정규 교과과정 안에는 단순히 지식을 습득하는 일을 넘어서는 중요한 인간적 비밀이 감춰져 있습니다. 그것이 바로 자율적 존재로 성장하는 일입니다. 이를 위해서는 상당한 시간과 연습이 필요합니다.

인간도 자연의 한 조각이기에 자연적인 동물로 성장합니다. 살아남기 위한 욕구와 그 욕구를 충족시키기 위해 애쓰는 것은 사실 배울 필요가 없습니다. 하지만 살아 있음의 의미를 되새기는 일은 상당한 정신적 능력을 요구합니다. 인간의 반추反芻능력은 소가 풀을 소화시킬 때 다시 되새김질하는 효율적이고 본능적인 소화활동과는 다소 다릅니다. 가치판단에 위계질서를 세워 생존에 유리한 우선순위를 결정하기도 하지만 의미의 유무에 따라 있음의 방식을 취사선택할 수 있는 존재가 바로 인간인 것입니다. 자신의 전부를 걸고 의미를 취하는 일은 스스로 생각하는 인간의 매력이기도 합니다.

흔히 생각하는 힘은 풍부한 독서를 통해 길러질 수 있다고 말합니다. 전적으로 틀린 말은 아닙니다. 그러나 책을 읽는 것만으로는 충분하지 않습니다. 생각에도 내적 동기가 반드시 필요합니다. 자신의 내부에서 뿜어져 나오는 생명의 기운이 바로 생각인 것이지요. 인간의 자연적 본능 속에는 내부에서 용솟음치는 호기심과 생각의 욕구가 꿈틀대고 있습니다. 현대 교육이 이러한 자연적 본능을 촉진하기

는커녕 걸림돌로 기능하게 되면서 교육기관이 권위적으로 변한 것입니다.

하지만 자연 상태의 정신은 단순히 원석에 불과합니다. 이 원석을 고유한 굴절률에 따라 보석으로 가공하는 과정이 생각하는 힘을 갖추는 시간입니다. 우리는 홀로서기의 시간을 필요로 하고 때론 사회적 규범과 인식에서 과감히 벗어나 세계와의 거리 두기를 행할 수도 있어야 합니다. 반성과 비판은 자율적 존재의 기본적 특징인 셈이지요. 자신을 돌아보고 사회와의 거리 두기를 행하는 능력은 시간이 흐른다고 저절로 생기는 것이 아닙니다. 어린아이도 어른이 맞닥트리는 삶의 모든 현상을 함께 직면하고 체험하고 있다는 사실을 잊어서는 안 됩니다. 이는 현대 교육이 무엇을 위해 애써야 하는지를 우리에게 알려 주는 지표라 할 수 있겠습니다.

청소년이 아직 사회의 과제를 분담하는 책임 있는 구성체가 아니라 하여 삶의 필연적 현상마저 비껴가는 것은 아닙니다. 어린 아이의 시간에서부터 자연으로 돌아가는 필연적 운명을 직시하는 노년에 이르기까지 모든 인간은 단지 '오늘'을 살아갈 뿐입니다. 과거를 자책하며 현재를 자학하는 것이나 장밋빛 미래를 도모하기 위해 현재를 회색빛으로 채색하는 것은 그리 현명해 보이지는 않습니다. 인간은 자신의 유한함을 알기에 현재의 삶에 의미를 부여하는 생태계의 유일한 존재입니다. 의미란 '여기'와 '지금'에서 경험되는 자연의 선물인 것이지요.

따라서 의미를 추구하는 자율적 존재로 성장하는 일은 어린 시절부터 시작해야만 합니다. 이른 시기부터 익숙해질수록 인간적 사태에 마음을 열고 상상력의 나래를 펴게 됩니다. 자유를 노래하고 인간다움을 자연의 무정함으로부터 분리하는 일은 교과서에서 배울 수 없는 언어의 향연입니다. 다시 언급한 지문으로 돌아가 봅시다.

바칼로레아에서 출제되는 문제에서 공통분모를 찾을 수는 없습니다. 200년이 넘는 역사를 지니고 있다고 하여 시험문제까지 역사적 경험의 축적물인 것은 아닙니다. 대체로 해당 연도에 사회적 이슈가 되었던 현상에 대한 철학적 성찰을 요구하고 있습니다. 사회적 현상을 보며 스스로 그것의 의미를 생각하는 데 익숙해진 학생이라면, 자신의 내면의 굴절률로 충분히 표현해 낼 수 있는 문제들이지요. 문제는 교육에 있습니다. 교육의 현장을 학습의 수동적 공간이 아니라 사회와 삶을 체험할 수 있는 시공간으로 돌려놔야 한다는 말입니다. 이 문제는 다음 장에서 차근차근 다룰 것입니다.

체계적인 접근방식에서 다소 차이가 있을 뿐 자신과 세계를 스스로 이해하려는 언어적 시도라면, 모든 형태의 글쓰기를 철학적 상상력의 산물이라고 부를 수 있습니다. 자신의 체험이나 의견, 감상 등을 적는 산문 형식에서부터, 비평, 논평, 편지 심지어 독백에 이르기까지 철학적 표현의 범주에서 배제될 수는 없습니다. 이렇게 말해 놓고 나니, 철학 에세이가 가장 인간적 형태의 글쓰기일 수도 있겠다는 생각이 드네요. 인간적이라는 말은 단순히 솔직함이나 편안함 혹은 윤리적 규범을 지시하는 단어가 아닙니다. 자신의 자연적 삶의 모습이 날것으로 드러날 수 있는 공간에서 우리는 인간적임을 느끼는 것이지요. 원하는 일을 하는 사람이 행복을 체험하듯, 자신의 스타일에 맞는 글을 써야 독창적일 수 있습니다.

그런데 우리는 여전히 철학이라는 단어에 쉽게 접근할 수가 없습니다. 우리의 교육이 스스로 생각하는 자율적 존재를 선호하는 대신에 특정한 사회적 임무를 완수할 수 있는 기능인의 선발에 치우쳐 있기 때문입니다. 외국어 실력과 고高스펙을 위해 모두가 무언가를 '많이' 전달하고 배워야 제대로 된 교육을 하고 있다고 생각하는 통에 어느덧 우리는 '어떻게' 전달하고 알아야 하는지에 대해서는 이방인이 되어 버린 것입니다. 철학적 상상력은 이 '어떻게'에 초점을 맞추고 있습니다. 사회와 삶 그리고 현상은 일반적 앎의 대상이 아니라, 그것의 의미를 각자가 스스로 돌아봐야 할 미지의 땅인 것입니다. 누군가가 개척해 놓은 길이 아닌 자신이 직접 삶의 흔적을 남겨야 할 공간이기에 철학은 늘 우리에게 어렵다는 인상을 남기나 봅니다.

철학을 알면 글이 보인다

철학이 어렵다고 생각하는 현상에는 우리 교육이 안고 있는 남모르는 고충이 있습니다. 입시 위주의 주입식 교육, 경쟁 위주의 경력교육, 자율성과 다양성이 무시되는 시스템 교육, 인성교육의 부재를 또다시 언급하려는 것이 아닙니다. 이러한 지적질에 대해서는 이미 많은 식자들이 귀에 못이 박히도록 거론하고 있기에 입 하나 더하는 일은 누가 들어도 잔소리로 밖에 들리지 않습니다. 잔소리가 아이들을 망치는 지름길이니, 독자의 성질을 건드리지 않으려면 우리의 언어도 잔소리 수준은 넘어서야 할 것 같습니다. 그러기 위해서는 우리의 교육이 왜 이렇게 될 수밖에 없었는지 그 이면을 들여다볼 수 있어야 합니다.

우리의 교육 시스템 자체가 애물단지인 걸까요? "교육부가 사라져야 교육이 산다"는 말이 심심찮게 나오는 걸 보니 그럴 것 같기도 합니다. 그러나 로마가 하루아침에 이루어지지 않았듯, 우리 교육도 하루아침에 하늘에서 뚝 떨어진 것이 아님을 기억해야 합니다. 그래야 단견이나 급조된 교육정책으로 모든 것이 한꺼번에 달라질 수 있으리라는 헛된 망상에서 벗어날 수 있으니까요. 우리의 현실을 냉정하게 돌아봐야 한다는 말입니다. 한 시대를 풍미했던 어느 프로선수가 다음과 같은 명언을 남겼다고 합니다.

"뛰어난 슈팅은 하루아침에 만들어지지 않는다. 오랜 연습 끝에 익혀지는 감각에서 나오는 것이다."

유명인의 말이라 인터넷에 떴겠지만, 조기 축구회 회원이라도 쉽게 입에 올릴 수 있는 상식입니다. 좋은 습관이 손바닥 뒤집듯 마음만 바꾼다고 형성될 수는 없는 법이지요. 그런데 이러한 삶의 지혜를 우리의 현실에 대입해 보니 갑자기 우울해집니다. 삶의 지혜는 항상 긍정적인 맥락에서만 적용되는 것은 아니기 때문입니다. 우리가 단순 암기와 주입식 교육에 익숙해진 이유는 단기간 내에 성과를 내려는 시대의 조급함에서 나온 것일 수 있습니다. 그런데 왜 이 시대가 하필이면 우리의 시공간이어야만 할까요? '빨리빨리' 문화와 가시적 성과에 목을 매는 복잡 미묘한 행동양식은 역사적 유전자의 산물일 공산이 큽니다. 영국의 진화생물학자 리처드 도킨스의 표현대로 문화적 유전자 밈meme이 우리의 행동과 습관을 지배하는 비밀이라는 겁니다. 이 부분을 특별히 언급한 이유는 더 이상 시스템의 조각들을 애꿎은 희생양으로 만들지 않았으면 좋겠다는 바람 때문입니다.

우리의 교육이 암울한 이유는 교육감을 잘못 뽑았거나 교사가 무식해서가 아닙니다. 줄서기와 성공을 강조하는 교육감의 빈곤한 철학이나 시대의 조류에 무비판적으로 영합하는 교사의 비이성이 어느 날 우연히 하늘에서 떨어진 신비한 표지의 외서外書라고 간주하면 곤란합니다. 우리도 그들보다 나을 것도 못할 것도 없는, 그저 함께 동시대를 기록하고 살아가는 공범들입니다. 우리는 현대 교육의 역사적 흔적을 찾기 위해 일제 강점기의 강압적 교육과 조선시대 성균관의 지적 풍토를 뒤적여야 합니다. 이 정도면 양반입니다. 고려시대의 국자감, 삼국시대의 교육기관과 관련된 사료로부터도 도움을 받아야 할 것입니다. 단적으로 말해 5,000년의 유구한 역사와 민족의 찬란한 문화예술이 오늘날 우리 교육을 입신출세와 성공의 늪에 빠지게 만든 겁니다. 교육을 살아남는 최적의 수단으로 통하게끔 만든 것이지요. 이 판국에 최대의 피해자가 바로 철학적 사고방식입니다. 인문적 소양의 필요성을 언급하며 철학의 역사에 등장하는 사람들을 추모하는 기현상이 벌어지고 있기도 하지만, 그저 체면치레에 불과합니다.

철학적 사유의 생명은 스스로 자유롭게 생각하고 말하는 데에 있습니다. 그것이 의미하는 바는 우리가 몸담고 있는 세계와의 '거리두기'입니다. 흔히 이것을 '비판'이라고 부르기도 하지요. 비판이 무엇을 의미하는지는 추후에 더 자세히 살펴보겠습니다. 어쨌든 비판적 사고는 단순 암기와 주입식 교육과는 공존하기 어려운 얼음과 숯불 정도의 관계라고 보면 되겠습니다. 철학적 사고는 사회가 요구하는 가시적 성과를 내는 데 별 도움이 되지 않습니다. 생각의 전개과정을 교과서처럼 정형화시킬 수도 없기 때문에 당연히 이해하기 어려울 수밖에 없습니다. 도대체 왜 이렇게 어려운 사고의 여정을 거쳐야 되는지조차 불분명한 경우도 허다하지요. 이 글을 읽는 독자도 시대의 요청이 아니라면, 철학에 눈길조차 주지 않을지도 모릅니다.

하지만 성급하게 판단하고 포기하는 사람은 의외로 삶의 중요한 부분을 놓쳐 버릴 수도 있습니다. 일차적으로 자기 철학과 세계가 없는 사람은 자존감도 몹시 떨어집니다. 정확히 말하면, 스스로 생각하지 못하면 그 무엇으로도 대체할 수 없는 고유한 삶의 자리마저 온전히 보전할 수 없다는 의미입니다. 헌법이 보장하고 있는 천부인권이 박탈당한다는 말은 아닙니다. 구슬이 서 말이라도 꿰어야 보배라는 말이 있듯 스스로 구하지 못하는 사람에게 권리가 주어진들 아무런 소용이 없다는 뜻입니다. 다음 글을 읽어 봅시다.

하늘 아래 같은 사람은 없다. 동시에 태어난 쌍둥이조차도 가치관과 세계관이 모두 다르다. 쌍둥이도 같은 부모만을 뒀을 뿐 좋아하는 것, 싫어하는 것 그리고 생각의 방식 등 모든 것들에서 차이가 있을 수밖에 없다. 따라서 개인은 자신들이 원하는 방식대로의 삶을 살고 있으며 그것들을 옷과 같은 상품의 소비, 음악과 문학을 통한 창작활동 등으로 표현한다. 끊임없이 나와 타인의 구분을 위한 나만의 색을 찾기 위해 사회 속에서 여행을 하고 있는 것이다. 이러한 여행 속에서 자연스럽게 우리는 계속해서 나의 색을 뚜렷이 만들어 나간다. 이때 사회라는 공간은 우리에게 사회적인 역할을 부여한다. 말하자면 우리는 태어났을 때부터 자식이라는 역할 지위에 있고 그 지위에 맞게 행동하기 위해 계속해서 노력하고 있는 것이다. 이와 같은 역할 지위는 태어남과 동시에 죽을 때까지도 없어지지 않는다. 역할들은 나이를 먹어 감에 따라 늘어나기 시작하는데 그러한 변화 속에서 우리는 정체성을 형성한다.

우리는 사회라는 작가가 정해 준 역할을 그대로 받아들여 극장에서 연기를 하는 것이다. 작가가 연극을 만들 때 거지가 필요한데 그 역할이 내게 가장 어울린다고 생각해서 나를 시킨다면 나는 거지가 될 것이고 왕이 어울린다면 나는 왕이 될 것이다. 나는 그 역할들이 좋든 싫든 별생각 없이 연기할 것이다. 왜냐하면 나는 진짜 거지가 아니고 왕이 아닌, 그냥 무대 위에서 연기하는 배우이기 때문이니까. 즉 우리의 삶을 연극에 비유할 때, 우리는 배우로서 연극에서 부여받은 임무를 충실히 하는 것이다.

나 역시도 사람을 만날 때마다 가면을 바꿔 쓰고 있다는 것을 인지하게 되었다. 예를 들어 친한 친구와 함께 있는 술자리와 교수님과 같은 분들과 술을 마시는 자리에서의 나의 모습은 확연히 다르다. 아니 다를 수밖에 없다. 친구들과 나는 비슷한 사회적 위치에 있고 정서적인 동질감이 크다. 권력의 수직적 관계가 아닌 수평적 관계이다. 그러나 선생님들과 함께 있을 때는 내가 그들을 따라야 한다는 권력의 수직관계가 저절로 생겨난다. 은연중에 사회적인 관계가 형성된다. 마찬가지로 부모님과 내가 아무리 친하다고 하더라도 모든 것을 터놓고 지낼 수 없는 것처럼 '날것의 나'는 쉽게 드러나지 않는다. 나와 타자들이 맺고 있는 사회 속의 보이지 않는 약속이 존재하는 것이다. 그렇기 때문에 우리는 그 관계와 상황에 맞는 다양한 페르소나를 쓸 수밖에 없다. 우리가 갖고 있는 본래의 '나'의 모습은 가면 아래로 깊숙이 감추어진 것이다.

그렇다면 우리가 페르소나를 벗어던지지 못하는 이유가 단지 사회적인 인식 때문이라고 생각해야 하는 것일까? 우리의 맨얼굴을 드러내지 못하는 이유는 무엇일까? 먼저 가장 큰 이유는 개인의 정체성의 결여라고 생각한다. 불행히도 우리는 아직까지 가면과 그 가면 안에 있는 우리의 얼굴을 구분하지 못하고 있다. 어떤 것이 나의 얼굴이고 가면인지의 구분이 쉽지 않다는 것이다.

먼저 우리가 생활에서 통제할 수 있는 것과 그렇지 않은 것, 바꿔 말하면 믿음과 욕구 등과 같은 것들은 사유와 경험을 통해 관리할 수 있는 것인 반면에 평판과 지위처럼 혼자서 통제할 수 없는 것들이 존재한다. 즉 전자가 나의 정체성을 쌓아 나가기 위한 노력의 것들이라면 후자는 남들이 나를 바라보는 페르소나와 관련된 것들이다. 우리의 능력에 달려 있지 않은 요소 때문에 우리는 남들에게 보여 주기 식의 행동을 하고 있다. 우리의 삶에서 필수불가결적인 건강이나 재산 등은 모두 나의 평가가 아닌 남들의 시선과 잣대로 정의된다. 그렇기 때문에 우리는 쉽게 문을 열고 나의 본모습을 보여 줄 수 없는 것이다. 산속에 처박혀 자기가 필요할 때만 밖으로 나오는 사람처럼 우리의 정체성 또한 필요할 때만 나오고 그렇지 않은 경우에는 당당하게 남 앞에 나오지 못한다.

또한 자신의 맨얼굴에 대한 두려움으로 우리는 페르소나를 버리지 못한다. 나에 대한 사회의 기대치와 실제 나의 모습에는 상이한 차이가 있다. 하지 못하는 것들을 하는 척, 아닌데 맞는 척하는 가장의 모습들 속에서 실제의 내 능력 부족이 온 세상에 알려진다면 오히려 우리 스스로에게 실망감이 클 것이다. 예를 들어 한 가수의 졸업장의 진위 여부를 놓고 한동안 사회가 시끄러웠던 적이 있다. 졸업장에는 학위를 마쳐서 그것을 인증한다는 의미도 있지만 그때의 졸업장은 그 의미를 넘어 한 개인의 사회적 위치와 교육의 정도를 평가해 주고 있다. 그런데 중요한 것은 우리에게 졸업장이 없어도 사회적 위치를 갖거나 교육을 받을 수 있다는 점이다. 그럼에도 사회는 개인의 본질을 졸업장이라는 하나의 잣대로 평가했다. 꼭 필요 있는 물건이 아니더라도 "나 이 정도의 학교에서 졸업을 했어!"라고 사회적 가면을 찾는 것이다. 인간 정체성에 대한 근본은 그것이 아닌데 말이다. 우리는 타인에게 보이는 것이 근본적인 나의 본질인 양 나의 외적인 모습을 꾸미는 것이다. 그렇기 때문에 정체성을 찾고 그것을 실현하기에 너무나 큰 어려움이 도사리고 있다.

자기 정체성을 주제로 쓴 글의 일부입니다. 자신을 모르는 사람은 아무도 없습니다. 그런데 이런 글을 왜 쓰는 걸까요? 동시대를 살아가며 '자신 있게' 사는 사람이 많지 않기 때문일 것입니다. 자기 계발서가 난무하는 통에 자신을 잘 안다고 착각하면서 살고는 있지만, 정작 우리는 자기상실의 시대를 통과하고 있습니다. 우연한 사고로 인한 기억상실과는 달리 정체성의 상실에는 그에 딱 맞는 치료제가 없습니다. 정체성의 상실은 어떤 방식으로든 스스로 극복해야 할 문제로 귀결되기 때문입니다. 모두가 치열한 생존경쟁에 내몰려 있기 때문에 언제 추락할지 모르는 불안을 안고 사는 것이지요. 이 모든 상황을 어쩔 수 없다고 체념해 버리면 정말 어쩔 수 없는 일입니다.

그러나 인간사에는 어쩔 수 없는 일이 그렇게 많이 일어나지는 않습니다. 인류 문화와 문명의 고유한 가치를 부정하는 것은 아니나,

그것이 인간적 삶의 불안을 인위적으로 증폭시키고 있다는 점도 기억해야 할 사실입니다. 우리의 의지와는 상관없이 부지불식간에 삶에 파고들어 시야를 흐리는 불안은 대부분 의도적으로 만들어진 것입니다. 우리가 겪는 대부분의 불안이 정신적 '거리 두기'를 통해 충분히 변화 가능하다는 의미입니다. 이를 구별할 수 있는 능력도 역시 스스로 생각할 수 있는 자의 권리입니다.

어쨌든 우리의 문제는 명확해 보입니다. 나의 나 '됨'을 결정하는 것이 무엇이기에 우리는 쉽게 자기상실감에 빠져들어 가는 것일까요? 삶의 의욕까지 잃어버려 자기도 모르게 우울의 심연에 잠기기 전에 한 번쯤 자신이 누구인지를 돌아보는 것이 중요할 것입니다. 이것이 위의 글이 지니고 있는 철학적 상상력의 가치입니다.

이 글은 처음부터 차근차근 생각하여 만들어진 것입니다. 자기 정체성을 눈에 보이는 사회적 역할과 보이지 않는 내면의 세계로 나누어 고찰하고 있다는 점도 돋보입니다. 물론 양자가 서로 어떻게 얽혀서 개인을 행복의 나라로 이끌고 있는지에 대해서는 다소 모호한 결론을 취하고 있습니다. 반드시 결론을 내려야만 한다는 강박관념이 우리의 교육현장에서만큼이나 여기에서도 작동하고 있기 때문입니다. 그럼에도 그 점이 이 글의 결정적인 단점은 아닙니다. 어느 누구도 이제 갓 대학을 입학하려는 학생에게 인생의 신비한 비밀을 밝히라고 요구하지는 않습니다. 단지 이 주제와 관련하여 기존의 자신으로부터 얼마만큼 거리 두기를 행하고 있는지를 보려는 것입니다.

거리 두기가 필요한 이유는 무언가의 부재로 인해 우리의 삶이 얼마나 불행하고 황폐한지를 알려 줄 수 있기 때문입니다. 모두가 행복함을 느끼는 나라에서는 행복이 글쓰기의 주제가 될 필요가 없습니다. 인간 존엄성이 사회적 판단과 실천의 중심부에서 제 기능을 하고 있을 때에는 인간 존엄성과 관련된 박사학위 논문은 그저 군말에 불과하겠지요. 필요하지 않은 것을 복원하기 위해 몸과 마음을 다해 정성을 쏟을 필요가 없는 것입니다. 달리 말해서, 우리가 행복을 말해야 하는 이유는 행복해지기 위해 공부를 하는 청소년이 공부 때문에 자살해야만 하는 역설을 설명할 수 있기 위해서입니다. 오늘날에도 인간 존엄성이 논란인 이유는 우리의 문명이 여전히 이윤과 효율, 일명 '가성비'를 행위의 첫 번째 원리로 삼고 있기 때문입니다. 존엄성은 낡은 법전에서나 볼 수 있는 형식적 자기위안일 뿐, 우리 모두는 언제든지 대체 가능한 수단과 부품으로 대접받고 있는 것입니다.

이 모든 맥락을 적절히 이해하기 위해서는 익숙한 자아로부터의 거리 두기가 필수불가결합니다. 사회적 요구에 묶여 있는 익숙한 자아로부터 한발 벗어나 그 과제를 다시 한번 돌아볼 수 있는 정신의 힘을 발휘하는 것입니다. 우리는 이러한 거리 두기를 행하며 정신의 힘을 보이는 모든 종류의 사유를 철학적 상상력이라고 부릅니다. 이 거리 두기의 크기만큼 우리의 자존감도 함께 상승해 갑니다. 이미 자존감의 크기가 충분하다고 판단한다면, 굳이 되새길 필요는 없습니다. 그렇지 않은 경우라면, 이 거리 두기가 자신의 존재감을 지켜 주는 첫 보루가 될 것입니다.

철학적 상상력에도
오류가 있다

철학적 상상력은 자유로운 정신의 힘을 바탕에 두고 있습니다. 따라서 생각을 표현하는 데 특별한 규칙이 있을 리 없지요. 서론과 본론 그리고 결론에 입각해서 글을 써야 한다는 교훈적인 메시지는 필요 없습니다. 합리적 근거와 객관적으로 수긍할 수 있는 형식과 구조를 갖춰야 한다는 말은 그저 너무 익숙한 모범답안일 뿐 상상력으로 살아가는 우리들의 현실 속에서는 존재하지 않습니다.

청소년기부터 정답보다는 각종 사상서에서 생의 위로를 구했던 저자에게도 "철학이란 이런 것이다"라고 정의하거나 정형화된 답안은 별다른 매력을 풍기지 못했습니다. 더욱이 철학적 상상력의 모습은 본 적도, 만져 본 적도 없습니다. 첫사랑에 실패하고 우울함이 세상을 온통 잿빛으로 물들였을 때,『사랑의 기술』은 나를 위로해 주었던 유일한 친구였지만 저자인 에리히 프롬도 정작 실천에 대해서만큼은 독자의 자유로운 몫이라고 떠넘겨 놓고 은근슬쩍 발을 빼 버립니다. 따라서 정형화된 형식은 결핍과 과잉 사이에서 방황하는 '오락가락 글쓰기'에 포획되어 노예적 글쓰기의 표본이 될 뿐입니다. 결핍과 과잉이 많이 등장하는 글일수록 틀에 박힌 형식적 글이라는 인상만을 남깁니다. 독자에게 식상하게 느껴질 수 있다는 말입니다.

그럼 어떠한 글이 독자의 호기심과 흥미를 자아낼 수 있을까요? 최근 기업들도 입사 지원자에게 객관적이고 정형화된 틀에서 벗어나 자신의 고유한 이야기를 담고 있는 자기 소개서를 요구한다고 합니다. 누구나가 뻔히 알고 있는 그저 그런 시나리오에서 벗어나라는 요구일 것입니다. 충분히 이해할 수 있는 요구 사항입니다. 상처를 거부하는 영혼의 화려한 연주보다 오히려 남모르는 시련과 역경, 극복이 담긴 삶의 섬세한 이야기가 독자에게 설렘과 감동을 선사하는 법이지요. 인생에는 항상 새로운 연출이 필요합니다. 글을 허구로 쓰라는 말이 아닙니다. 여느 누구와 비슷하게 걸어온 삶의 여정이 아니라 자신의 존재가 지닌 열정의 불꽃을 보여야 한다는 말입니다. 작품을 만들기 위해 자기 멋대로 써 보는 것도 좋은 연습이 됩니다. 어설픈 형식을 추구하느니 차라리 자연이 개인에게 부여한 고유한 선물을 활용하는 편이 나을 수도 있습니다. 사회화란 미명하에 동일하게 다듬어진 기계음은 지루함을 자아낼 뿐입니다. 상상력은 마치 성냥팔이 소녀가 밤새 그은 성냥개비와도 같습니다. 상상력과 함께 우리는 허기진 배를 달랠 수 있고, 뼛속까지 밀려드는 한기도 참아 낼 수 있으며, 고달팠던 삶에 활력을 불어넣을 수도 있답니다. 자신과 세계를 위대한 책으로 삼아 스스로 생각하는 과정을 언어로 담아낼 수만 있다면, 비록 투박하고 세련되지 못할지라도 충분히 매력적일 수 있습니다.

매력이란 누군가를 유혹하기 위해 분비되는 호르몬, 이른바 페로몬pheromone의 영향으로 알려져 있습니다. 그런데 사람의 마음을 끌어당기는 신비한 힘은 물리적으로만 존재하는 것이 아닙니다. 불현듯 수평선 밑으로 떨어지는 일몰의 환상을 경험한 사람이라면, 매력이 우리에게 익숙한 지식으로부터 유래하지 않는다는 사실을 인정할 것입니다. 그 과정을 면면이 살펴보면 이렇습니다.

일차적으로 우리는 낯선 것을 체험할 때 호기심을 느낍니다. 물론이 테제에 대한 반론도 만만치 않을 것입니다. 낯선 것은 종종 배제와 낙인의 원인이 되기도 하지요. 우리가 낯선 것에 본능적으로 거부감을 느끼는 이유는 사회적 선입견에 몸과 마음이 중독되어 있기 때문입니다. 옳고 그름의 기준이 이미 명확하게 형성되어 있는 경우 낯선 것을 있는 그대로 관찰하기란 결코 쉬운 일은 아닐 것입니다.

체험의 진정한 묘미는 새로움에 있습니다. 어린 시절 시간의 흐름이 믿을 수 없을 정도로 길고 다채로운 이유를 생각해 봅시다. 세계와의 모든 만남이 새로움의 연속이기 때문일 것입니다. 역으로 생각해 보면, 노년기의 시간은 그 흐름을 느끼지 못할 만큼 정체되어 있습니다. 모든 것이 익숙한 시간의 모습은 고독과 지루함으로 체험됩니다. 새로움이 없는 시간의 흐름은 그 흐름을 느끼지 못할 정도로 빠르게 지나갑니다. 내용적으로 빈곤하기 때문입니다. 이때부터 우리는 새로움으로부터 오는 구원의 손길을 간절히 바라게 됩니다.

삶의 역동성은 나와 세계의 생생한 교차지점에서 발생합니다. 시중에 유통되는 자기 계발서는 세계와의 생경한 관계 맺음에 소극적으로 대응하기 일쑤입니다. 위아래에게 휘둘리지 않는 법, 연인에게 버림받지 않는 법, 사회생활에서 손해 보지 않는 법, 왕따당하지 않는 법 등 모든 인간적 관계 맺음이 마치 우리에게 상처 자국만을 남기는 갈등의 원산지로 묘사되는 것이지요. 주장 전체가 지금까지의 상처가 가르쳐 준 바에 따라 상처받지 않을 권리 위에 서 있기에 일면 수긍할 부분도 없지 않습니다. 그러나 세계와의 접촉지점에서 '날것'으로 느껴지는 소박한 감성 속에는 인생의 비밀이 감춰져 있습니다. 희망과 실망, 기억과 좌절이 불연속적 체험으로 현상하기에 우리는 시간을 연대기적으로 기억하지 않고 의미의 정도로 기억하는 것입니다. 세상에 대한 두려움이라는 단어조차 모를 때 "그때가 좋았지"라고 말하는 추억 어린 영상은 우리가 사건을 연도별로 기억하는 것이 아니라 의미의 정도에 따라 간직하고 있다는 증거입니다.

우리는 익숙함이 주는 편안함에서 벗어나 자연이 주는 새로움에 거부할 수 없는 매력을 느껴야 합니다. 철학적 상상력은 글쓴이의 주관적 의견이나 입장, 세계관과 가치관을 비교적 자유롭게 허용합니다. 어쩌면 권장한다는 표현이 맞을지도 모르겠습니다. 누구의 글도 옳거나 틀릴 수 없다는 것이지요. 세계를 해석하는 방식에 따라 서로 다른 철학적 글쓰기가 있을 뿐입니다. 다음의 글을 읽어 봅시다.

20살, 대학에 입학하고 난 이후부터 끊임없이 나를 괴롭히는 한 가지 질문이 있었다. "내가 해야 할 일은 무엇일까? 내가 있어야 하는 자리는 과연 어디인가?" 일정한 규칙 속에서 통제, 혹은 제한을 받고 생활했던 고등학교와 달리 많은 시간이 주어지고 자유를 부여받았던 대학생활은 본의 아니게 20대의 늦은 사춘기를 가져다주었다. 많은 시간을 방황하고 진정한 내 모습, 내 자리를 찾으려고 끊임없이 노력했던 나에게 그런 방황의 시간들은 악몽이면서도 한편으로는 내가 나 자신을 사랑하고 있다는 것을 반증해 주는 것이라는 점에 일종의 행복함을 느끼기도 했다. 그런 고민을 하던 와중에 한 가지 떠오르는 생각이 있었다. "나는 왜 이런 생각을 하는 것일까?" 지금 생각해 보면 아마도 이 질문이 바로 나에게 처음으로 철학이라는 것에 관심을 갖게 한 질문이었던 것 같다. 철학입문 수업을 들으면서 느꼈던 가장 중요한 점은 철학은 머리가 백발인 늙은 교수님들이 하는 어려운 학문이 아닌 우리의 생활 속에서, 하루하루 살아가는 일상 속에서 우리가 생각하고 느끼는 것이라는 점이었다. 그리고 철학은 우리가 멀리해야 하는 것이 아닌, 늘 가까이 두어야 하고, 늘 관심을 가져야 하는 그러한 학문이었다. 하지만 오늘날 우리나라는 '철학이 부재한 사회'라고 불리기도 한다. 그렇다면 도대체 왜 나 자신을 비롯한 많은 사람들이 철학이라고 하면 '어렵고 지루한 것', '쓸데없는 몽상'이라는 착각에 빠지게 되는 것일까?

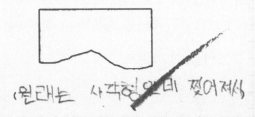

5. 다음 도형이 사각형이 아닌 이유를 써 보시오.

위의 사진은 인터넷에서 '웃긴 답안지'라고 검색하면 쉽게 찾을 수 있는 사진이다. 초등학생이 수학시험에서 작성한 답안지인데 문제에 대한 답이 굉장히 창의적이다. 사진에 달린 댓글 또한 '창의적이다', '재미있다'라는 반응이 대부분이다. 하지만 나의 관심을 끈 것은 사선으로 그어진 '틀렸다'라는 표시이다. 저 '틀렸다'라는 사선표시에서 이 답안지를 작성한 모 초등학생의 이야기를 예상해 볼 수 있다. 나름 고민해서 쓴 답안지가 틀렸다는 결과를 받은 실망감, 아이 부모님의 걱정과 실망, 그리고 요구하는 올바른 답안을 쓰기 위해서 학원 등을 가야 할 그 아이의 생활 등 분명 장밋빛 초등학교 생활과는 다른 고된 초등학교 생활이 될 것이 분명할 것 같다. 여기서 철학을 멀리하게 된 첫 번째 이유를 찾을 수 있다. 우리 주위에는 다양한 '약속'들이 존재한다. 그러한 '약속'은 자기 자신이 만든 것일 수도 있고 타인에 의하여 부여된, 자의적이지 않은 '약속'들일 수도 있다. 하지만 대부분의 사람들은 자의적으로 만든 '약속'보다는 타인에 의하여 만들어진 '약속'에 의하여 인생의 많은 부분에 영향을 받게 된다. 위의 사진처럼 '틀렸다'라는 표시, 흔하게 들을 수 있는 '사회화'라는 단어, 법, 제도, 여러 가지 약속된 것들에 의하여 우리는 움직이게 되고 그 약속된 것을 어기면 범죄라는 이름으로 특정한 행동들을 강요받게 된다. 여기에서 우리는 스스로 생각하고 행동하는 힘을 조금씩 잃어버리게 된다. 나 자신이 아닌 타인에 의하여 부과된 약속을 지켜야 하고, 그것을 어기면 범죄로 취급받는 그러한 사회 분위기가 철학을 멀리하게 된 첫 번째 이유인 것 같다. 물론, 그러한 점에 부정적인 면만이 있는 것은 아니다. 그러한 약속들은 사회에 객관성과 안정성을 담보해 준다. 이러한 객관성과 안정성은 굉장히 중요한 요소이다. 법이 없는 사회에는 온갖 문제점들이 발생할 것이고 이러한 것들은 인류의 생존에까지 위협을 미칠 수도 있는 중요한 문제이다. 하지만 우리가 경계해야 할 점은 객관성과 안정성이라는 빛 이면에 숨겨져 있는 개인의 주관, 평가될 수 없는 개인의 정체성과 고유성이 쉽게 평가되고 무시될 수도 있다는 점이다. 사회라는 것은 개인들이 모여 만들어 낸 하나의 추상적인 단어에 불과한 것이지, 이야기 즉 스토리를 가진 존재들은 바로 그 속에 살아 숨 쉬는 개인들이다. 다양한 이야기를 가진 개인들이 자신의 생각대로 살아가고 또 다른 구성원들은 그에 대해 평가가 아닌 인정을 하고, 그렇게 함으로써 다양한 이야기를 가진 사회가 바로 건강한 사회이다. 그렇다면 과연 어떻게 그러한 사회를 만들고 철학이 친근한 사회를 만들 수 있을까?

이 글은 자신의 체험이 배어 있는 생생한 언어를 통해 철학이 부재한 시대의 문제가 어디에서 비롯되었는지를 비교적 생생하게 꼬집고 있습니다. 인문학적 언어를 사용하는 데 미숙하여 언어적 섬세함에서 다소간의 부족함이 엿보입니다. 그러나 그러한 풋풋함이 오히려 매력으로 읽힐 수도 있습니다. 단견이 다소 과도하게 표현되어 있음은 젊음의 성마름 탓이기는 하나 선명한 테제의 제시라는 장점으로 기능할 수도 있는 것입니다.

위의 글은 우리 사회에서 철학이 빈곤해진 이유를 단 하나의 정답만을 추구했던 경직된 사고에서 찾습니다. 늘 정해진 길을 가야만 한다고 자신을 강요하다 보면 어느덧 우리는 자신의 생각을 글자 그대로 '자신 있게' 표현하기에 앞서 행여 틀릴 수도 있다는 강박관념에 시달려야만 합니다. 유불리를 따져 반드시 가야 할 길이 정해져 있다고 믿는 사회에서는 풀이 무성하여 발길이 끊긴 길을 선택한 시인의 용기를 기대할 수 없습니다. 호기심과 상상력이 자라날 수 있는 풍토 자체가 빈약해지는 것이지요.

어느 사회나 논쟁과 분란이 있기 마련입니다. 성숙한 사회의 척도 란 논쟁과 분란의 부재에 있는 것이 아니라 그것을 어떻게 해결하고 마무리하느냐에 달려 있을 것입니다. 그러므로 성장기에 있는 아이 일수록 자신의 생각과 감정을 솔직하게 표현할 수 있도록 자연스러 운 환경을 만들어 주는 것이 중요합니다. 자유로운 환경에서 성장한 아이들은 자연스럽게 삶에는 정답이 아니라 다층적 해법이 필요하 다는 사실도 배우게 됩니다. 삶의 다른 가능성을 꿈꾸는 우리는 시행 착오에 몸을 사릴 필요가 없습니다.

아름다운 꽃을 피우는 독초인 디기탈리스는 '피 묻은 손가 락'이라는 별명으로 불리며 유럽에서 오랫동안 자생해 왔다. 그 러나 점점 의학이 발달하면서 디기탈리스는 그간의 오명을 벗 어던지고 간질과 종양의 특효약으로 부상할 수 있었다. 감성 은 오랫동안, 마치 디기탈리스를 대하듯이 무시되어 왔다. 철학 에서 세상을 이해하는 통로는 감성과 이성이라는 두 개의 관점 으로 나뉘는데, 서양 철학사에서는 이성이라는 도구를 가장 적 절한 도구로 생각해 왔던 것이다. 이성은 공통성을 찾아 법칙 을 세우고 논리를 구한다는 점에서 그동안 인간이 세계를 이해하는 데 있어서 혁혁한 공을 세워 왔다. 반대로 세계를 이해하는 아름다운 꽃이었던 감성은 독초가 아닌지 의심될 만큼 철학사에서 철저하게 무시되어 왔다. 하지만 이제는 상황이 달라졌다. 현대 사회에서 감성은, 디기탈리스가 특효약으로 쓰인 것처럼 서서히 그 존재 의의를 드러내기 시작한 것이다. 왜 감성은 현대 사회에서 다시금 구명의 빛으로 등장했을까? 그를 위해 현대 사회를 정확히 진단할 필요가 있다. 프랑스의 철학자 장 보드리야르는 그의 책을 통해 현대 사회는 '소비의 사회'라고 말했다. 즉, 현대인들은 사물 그 자체가 아니라, 사회의 계급질서와 상징적 체계를 소비하고 있다는 것이다. 예를 들어 같은 커피라도 스타벅스 상표의 커피를 사먹는 것은, 스타벅스 커피가 주는 이미지라는 상징체계를 소비하고 있는 것이다. 하지만 두 커피의 맛을 물었을 때 똑같은 맛인데도 스타벅스 커피가 맛있다고 답하는 사람이 많은 것을 보면 알 수 있듯이, 현대인은 자기 존재의 지평을 허영된 이미지로 채워 나가고 있는데도 불구하고 그것이 이데올로기가 주입한 고정된 이미지라는 것을 전혀 이해하지 못하고 있다. 나는, 이것이 어느 정도 이성과 감성이라는 문제와도 연관되어 있다고 생각한다. 우리는 그동안 이성이라는 키워드를 통해 '공통성'만을 좇아 생활해 오게 되면서자기 각자의 색채를 잃게 되었다. 이것에 대한 '특효약'으로 그

동안 독초로 여겨져 왔던 감성이 드디어 존재의 지평을 가득 채울 수 있는 특효약으로 등장하게 될 수 있었던 것이다. 그런 점에서 감성은 철학 논의에서 독초에서 약초로 탈바꿈한 '디기탈리스'라고 할 수 있다. 따라서 이번 논의에서는 현대 사회에서 어째서 감성이 약초로 등장할 수 있었는지, 그 존재 의의를 살펴보기 위해 '질투'라는 키워드로 그것을 면밀히 살펴보기로 한다. 또, 더 나아가서 우리가 감성이라는 매개를 바탕으로 내가, 또 이 시대의 청춘들이 현대 사회에서 어떤 삶을 살아가야 바람직한지 논해 보려고 한다.

익숙함과 새로움의 관계를 설명하는 데 이성과 감성만큼 좋은 주제도 없습니다. 흔히 이성과 감성은 물과 기름처럼 섞일 수 없다고 말합니다. 하지만 인간은 이성적 동물이기 이전에 이성적이며, 감성적 존재이기에 앞서 감성적입니다. 삶이라는 토양은 물과 불을 잘 흡수하고 섞어서 멋진 생명의 요리를 만들어 냅니다. 그러기에 이성의 역사에 비하면 감성의 역사가 턱없이 빈곤한 현상에 맞서 위의 글은 딴지를 걸고 있는 겁니다. 조금 어려운 표현을 사용해 보자면, 이성적 사유에 앞서는 존재론적 우선성을 감성에게 부여하는 일은 퍽이나 낯설 수밖에 없다는 의미입니다. 그럼에도 우리의 일상은 종종 정반대의 현상을 가리키고 있습니다. 예컨대 여행이 즐거운 이유는 일상에서 벗어나 낯섦에 다가갔기 때문이지요. 삶의 에너지가 충분한 일상의 경우라면, 익숙함이 주는 편안함보다 새로움에서 오는 모험을 선택하는 사람이 매력적인 법입니다.

그런데 우리의 생각에 모두가 동의하는 것은 아닌 듯합니다. 유독 감성에 있어서만큼 지성사의 시각은 매우 인색한 편입니다. 행여 그 낯섦을 고집한다면, 상당한 추문만을 남길 것입니다. 물이 스며들고 바람이 들어 삶을 상하게 만드는 분란쯤으로 여겨졌기에 감성은 늘 다스려야 할 대상이었을 뿐, 인간적 '있음'의 주도적 구성인자로 진입할 수 없었습니다. 가치와 목적을 위해 최적화된 이성과 변덕스러움과 기복으로 현상하는 감성의 굴곡은 물과 기름처럼 서로 섞일 수 없었을 것입니다. 감정의 변화에 어떻게 대처하는지가 개별적 있음의 모양새를 결정한다는 생각은 역사적 밈처럼 유전되고 있습니다. 위계질서와 규범적 동일화에 순응하도록 감정을 억제하고 인간적 시간의 항상성을 유지할 총체적 개념을 찾는 일이 그간 인간 지성의 주된 과제로 인식되어 온 것이지요.

우리가 알고 있는 우리의 모습은 이미 지나온 길 위에 남겨져 있는 발자국입니다. 사회구조에 순응하여 우리에게 이미 친숙해진 정형화된 삶의 방식이기도 합니다. 타자화된 자아는 타인에 의해 관찰되고 지각된 이미지로 둘러싸여 있기에 우리가 쉽게 누군가의 기대에 부응하며 살아가는 것은 자연스러운 현상입니다. 그래서 세상에서 가장 어려운 일이 그러한 익숙함에서 벗어나 미래로부터 오는 낯선 삶의 가능성에 자신을 맡기는 일인지도 모르겠습니다. 있는 그대로의 모습으로 살아가는 일이란 그처럼 어려운 일이지요.

자연이 허락한 낯선 삶은 당연히 매우 위험하며 종종 최선이 아닌 불리한 경우의 수를 선택하도록 강요합니다. 하지만 우리가 진정으로 자신의 것을 구하려고 한다면, 그 정도의 손해는 두려워하지 말아야 합니다. 아니 최선이 아닌 수를 애써 선택하는 여유도 나쁘지 않습니다. 그것도 미적거리지 말고 과감하게 틀려야 합니다. 그 오류를 토양으로 삼아 우리의 생각과 글은 흔적을 남길 것이며, 그 흔적을 딛고 우리는 더 성숙한 자신으로 다시 태어나는 존재를 경험하게 됩니다. 다만 우리 사회가 삶의 '돌아가기'를 받아들일 만큼 관대하지 않다는 점이 함정이 되겠습니다. 유감스러운 일이네요.

위에서 우리가 읽은 글은 사회적 규범과 개인의 삶의 이야기를 상호 대립시키며 삶의 고유성과 그에 대한 사회적 인정의 필요성을 숨가쁘게 써 내려갑니다. 이미 지적한 대로, 정신적 여백을 살리지 못해 약속과 인정 그리고 개인의 이야기와 같은 묵직한 철학적 주제들을 다소 거칠게 하나의 테제로 몰아세운 감이 있습니다. 그럼에도 개인의 스토리텔링을 '틀림'이 아닌 '다름'의 관점에서 보려는 삶의 진실이 묵직하게 실려 있음을 부인할 수 없습니다. 철학적 상상력이 꽃피는 지평으로 손색이 없다는 뜻입니다.

여기에는 당연히 반론의 여지가 성립할 수 있습니다. 철학이라는 처마 밑에서 비를 피하고 있는 생각의 전체가 각자의 개성과 삶의 체험에 바탕을 두어 정답을 가릴 수 없다면, 우리는 어떻게 논쟁을 하고 합리적인 결론을 얻어 낼 수 있는 것일까요? 이 질문은 그저 기우에 불과합니다. 이렇게 반박의 여지가 있다는 점은 불길한 조짐이 아닙니다. 참고로 영국의 과학 철학자 칼 포퍼는 『추측과 논박』에서 반증 가능성을 과학적 이론의 기준으로 삼은 적이 있습니다. 경험적으로 반박되거나 수정될 가능성을 가지고 있어야 비로소 학문적 이론의 자격이 있다는 것이지요.

우리가 포퍼의 의견에 전적으로 동감하는 것은 아닙니다. 그러나 반박 가능성에는 나름 범상치 않은 인격적 비밀이 감춰져 있습니다. 개별적 삶이 그렇듯 삶의 체험이 담긴 철학 에세이에서 비교 가능한 절대적 우열은 사실상 불가능합니다. 그리고 이 불가능성이 의사소통의 전제가 됩니다. 모든 의견은 사회 전체적 맥락 속에서 상대적 의미를 지니고 있기에 상호 간의 논쟁이 가능한 것입니다.

우리가 흔히 범하는 착각 중에 하나가 소통을 통해 합리적 결론을 얻는다거나, 다수결로 확정된 의견에는 무조건적으로 복종해야 한다는 통속적 주장입니다. 이러한 결론은 차근차근 생각해 보지 않았기 때문에 성급히 내려진 피상적인 단견에 불과합니다. 어느 누구도 틀렸다고 생각하면서 자신의 의견을 고집하는 사람은 없습니다. 어떠한 입장을 견지하는 순간, 우리 모두는 최소한 그 순간에 있어서만큼은 자신의 옳음을 주장하고 있는 셈이지요. 그러는 동안만큼 우리는 주체적으로 살아갈 수 있다고 말하는 것입니다.

소통이 불가능하다는 말이 아닙니다. 소통의 의미를 잘 들여다봐야 한다는 말입니다. 우리가 소통이라고 부르는 행위는 누군가의 삶의 체험을 있는 그대로 공감하고 받아들이는 인정으로부터 출발해야 합니다. 여기서 인정이란 인간에게만 통용되는 역설적 행위입니다. 우리가 누군가와 소통하는 이유는 그의 생각을 이해하기 위해서가 아닙니다. 생각이 다른 누군가를 완벽하게 이해하기 위해 대화를 끌어가는 사람은 삶이 그대를 속여 슬퍼하거나 노여워하게 됩니다. 우리 모두는 깊은 성찰을 통해 자기세계를 만들고 스스로 자기치유가 가능한 독립된 인격체들입니다. 어떤 의미에서 닫힌 내면의 세계로 살아가는 특별한 존재인 셈이지요. 그런데 이것이 바로 사회적 인정이 필요한 역설적 이유이기도 합니다. 서로가 서로를 이해할 수 없는 존재이기에 우리에게는 조건 없는 인정이 필요한 것입니다.

다소 극단적인 예로 동성애를 거론해 봅시다. 이성애적 끌림에 익숙한 사람에게 동성애에 대한 감성적 이해를 구하는 일은 논리적으로 틀린 요구입니다. 감정이입이 불가능하기 때문이지요. 느낄 수 없는 사람에게 느낌을 강요하는 것과 동일한 이치입니다. 이때는 이해가 아니라 인정이 필요합니다. 이해할 수 없기 때문에 인정해야 하는 역설이 발생하는 순간입니다. 그렇지 않다면 결국 성소수자를 향한 사회적 차별과 편견, 혐오에 적절히 대응할 수 있는 근거가 사실상 효력을 상실하게 됩니다.

이러한 사회적 맥락을 이해하고 나면, 다수결의 원칙에 대한 생각도 다소간의 수정이 필요해 보입니다. 다수결의 원칙이란 대중에게 익숙하듯 만고불변의 진리는 아닙니다. 사회적 갈등과 정치적 대립에 일시적으로 결말을 내리는 상대적 개념인 것이지요. 상황과 맥락에 따라 적절히 활용할 수는 있겠지만, 어떠한 경우에도 보편적으로 옳을 수 없다는 의미입니다.

다수결의 상대성을 보지 못하는 사회는 다수가 소수를 억압하는 폭력의 주체가 될 수 있다는 사실도 받아들이지 못합니다. 독재는 한 사람의 악당에 의해서만 자행되는 폭력이 아닙니다. 다수의 독재가 때론 더 잔인하고 무서울 수 있는 것이지요.

체험된 이야기라야
설득력이 있다

그렇다면 철학적 상상력은 개인의 옹고집으로 형성된 주의ism나 주장을 뜻하는 것일까요? 꼭 그렇지만은 않습니다. 표현을 위해 선택된 주제에 합리적 정당화가 결여될 경우 철학적 상상력은 공상과 망상으로 이어질 수 있습니다. 먼저 합리화라는 개념에 대한 설명에서 시작합니다. 합리화는 언어의 한계에 도전하는 천의 얼굴을 지니고 있습니다. 잘못된 견해나 행동을 그럴싸한 이유로 변명하는 부정적인 견해에서부터 주장을 이치나 논리에 맞게 구성한다는 적극적 측면에 이르기까지 언어계에 있어서만큼은 일인 다역의 황태자입니다.

일상적인 사용법은 다소 부정적인 편에 가깝습니다. 자기 합리화가 그것입니다. 자신을 합리화한다는 표현은 거짓말이나 소소한 변명을 통해 자신의 정당함을 주장하는 꼼수 정도로 여겨지고 있으니까요. 그런데 어느 누구도 자신이 틀렸다고 생각하면서 말하고 행동하는 사람은 없습니다. 누구나 자신을 세계의 중심으로 삼아 살아가고 있으니까요. 따라서 어느 정도의 자기 합리화는 개인의 자위권에 속한다고 볼 수 있습니다. 그렇다고 모든 것이 허용될 수는 없겠지요?

"이게 글이면, 파리도 새다."

한때 '파리도 새다' 시리즈가 유행한 적이 있습니다. 논리가 빈약하면 피장파장tu quoque의 오류에 갇히게 됩니다. 피장파장의 오류란 일종의 인신공격성 오류입니다. 타인에 의해 제기된 주장의 터무니없음을 근거로 자신의 비논리적 주장이 타당할 수 있다고 우기는 언어적 기술이지요. 이를 피하기 위해 철학의 엄밀한 사유는 합리화를 고도의 이성적 작품으로 평가합니다. 사회의 합리적 운영이란 예측과 통제가 가능한 이성적 사회의 형성과 밀접한 관련이 있다는 것입니다. 현대처럼 정치, 경제, 행정, 문화, 교육, 종교 등이 독립된 자율적 구조를 지니고 있는 사회에서는 이 모든 조각들을 유기적으로 통제할 수 있는 컨트롤 타워가 필요했던 것이지요.

그럼 철학적 상상력에서 통용되는 합리적 정당화란 무엇을 말하는 것일까요? 또 무슨 기상천외의 묘수와 계교를 부리려는 것으로 오해할 수도 있겠습니다. 사실 그렇습니다. 우리의 맥락은 사회와 역사를 망라하는 이성의 거대한 이야기에서 한발 물러납니다. 오히려 우리의 발걸음은 그와는 정반대의 방향으로 향하고 있습니다. 우리에겐 일상에서의 서사성 회복이 관건입니다. 글을 통한 자기 합리화란 삶의 자그마한 이야기, 이른바 자신의 서사성을 하나의 가치로 만들어 고집할 수 있는 권리를 의미합니다. 집 안에서 빈둥거리며 치맥을 시켜 먹어도, 주인공이 등장하여 일정한 시공간의 배경으로 사건을 일으키고, 그 사건을 풀어 가는 과정이 있다는 사실에는 변함이 없습니다. 우리는 자신을 자신으로 만들어 주는 그 무엇을 주장하는 일에 기가 죽을 필요가 없습니다.

치맥을 시켜서 먹고 마시는 일까지 철학적 상상력과 표현의 대상이 될 수 있다는 의미입니다. 그럼에도 명심해야 할 것이 있습니다. 글을 통한 합리화의 목적은 선언이 아니라 설득에 있다는 사실입니다. 선동이 아니라 설득할 수 있는 지도자가 유능한 정치인인 것처럼, 철학적 상상력과 표현의 생명은 공감을 얻는 데 있습니다. 광인과 천재 사이를 오갔던 영원한 이방인 니체는 『이 사람을 보라*Ecce homo*』를 통해 서사성의 최고봉이 무엇인지에 대해 그 원형을 보여 줍니다.

"나는 왜 이렇게 현명한가?

나는 왜 이렇게 영리한가?

나는 왜 이렇게 좋은 책을 쓰는가?

나는 왜 하나의 운명인가?"

니체의 자화자찬에 우리는 실소를 금치 못합니다. 하지만 독자의 웃음이 비웃음처럼 보이지는 않습니다. 니체가 자신의 이야기를 극단적인 오만방자함으로 치켜세웠지만, 이 무례함을 후대는 미치광이의 헛소리로 평가하지 않습니다. 이 과함을 통해 니체가 주체적 사유와 개체적 자유를 탄생시켰기 때문입니다. 한 알의 밀알이 땅에 떨어져 수많은 또 다른 니체에게 서사적 권리를 부여했다는 사실이 그가 철학사에 보탠 공적입니다.

종종 우리는 철학이 진리를 추구하는 학문이라는 말을 듣곤 합니다. 여전히 진리가 무엇인지 모르는 저자에게 이 문장은 불편한 군소리에 불과합니다. 나만 그럴까요? 누구든 야심 차게 진리를 선포하려는 목적으로 컴퓨터 자판 위에 손을 올리게 되면 낭패를 보기 십상입니다. 몇 쪽짜리 에세이에 진리의 깊이를 담아내기도 어렵거니와, 정신적 내공이 발하는 상상의 향기는 오랜 삶의 연륜이 바탕이 되지 않으면 독단으로 흐르기 마련입니다.

확실한 것은 천천히 가야 한다는 사실에 있습니다. 문자의 대화를 통하여 자연스러운 이심전심以心傳心을 선사할 수 있다면, 그것만으로도 충분합니다. 온전히 몸과 마음을 다해 글을 쓸 수도 없으면서 남의 이야기를 통해 진리를 선포한다고 말한다면, 지나가는 개도 철학을 할 일입니다. 어쩌면 그렇게 주장하는 사람은 편협한 이념에 사로잡힌 몽상가일 가능성이 큽니다. 자신을 하나의 운명으로 여겼던 니체의 언어가 만인의 웃음거리로 전락하지 않은 이유는 그가 자신의 이야기에 온전히 운명을 걸었기 때문입니다. 개인의 서사적 운명이 오만과 편견을 이겨 낸 것이지요.

비록 철학의 역사가 남들이 생각하지 못한 놀라운 상상력을 통해 발전해 왔다고 하나 건전한 상식을 부정하지는 않습니다. 철학 에세이가 자유로운 글쓰기를 강조하면서도 합리적 근거와 객관적으로 수긍할 수 있는 형식과 구조를 권장하는 데는 나름 이유가 있는 것입니다.

설득력 있는 글쓰기는 분명 좋은 근거와 형식을 갖춰야 합니다. 그러나 그것만으로 충분하지 않습니다. 글을 쓰기 위해서는 문제의 식이 있어야 하고, 그것에 현실성과 서사성의 옷을 입혀 공감의 여 지를 넓혀야 할 것입니다. 아래의 도입부는 이성과 감성, 직관이 인 간 정신의 어느 영역에 위치하고 있는지를 살펴보기 위해 쓰인 글입 니다.

476, 174, 187, 115.

세 자리 숫자 네 개의 배열은 우리에겐 IP 주소의 조합으로 가 장 익숙하지만 위에 보이는 네 개의 숫자는 IP 주소가 아니다. 요즘 텔레비전을 틀어 뉴스를 보면 오른쪽 위에 표로 정리되어 있어 항상 볼 수 있는, 세월호 탑승자와 구조자, 사망자, 그리고 실종자 현황이다. 이 딱딱한 표를 보면서 나는 인간의 정신적 능 력인 이성, 감성, 그리고 직관이 어떻게 구별될 수 있는지를 알 게 되었다. 사람들의 관심이 집중되는 이러한 큰 사건이 자연스 럽게 인간의 정신적 요소들을 적재적소에서 사용될 수 있도록 해 준 것이다.

인간 정신의 힘이 단지 이성에서 뿜어져 나오는 울림이라고만 생각하면 감성을 오류의 원천으로 간주하게 되는 편협함에 사로잡히게 됩니다. 개인의 차이와 다름을 결정하는 것이 이성이 아닌 고유한 정서적 유형일 수 있다는 사실은 놀라운 발견이 아닙니다. 직관도 이성 못지않게 인간 인식의 중요한 부분을 차지하고 있습니다. 이러한 구별을 분명히 하는 과정은 자칫 딱딱한 논증의 형식으로 흐를 수 있는데 윗글의 저자는 여전히 사회적 반향을 부르고 있는 세월호 사건을 예로 들어 논의를 매끄럽게 시작한 것입니다.

이를 통해 다양한 논쟁을 유발할 수 있고 상이한 주장을 통해 다듬어진 문제의식은 사회적 소통의 토대로 기능할 수 있습니다. 이른바 철학적 상상력은 근거가 있는 주관적 입장과 가치관을 내포하고 있지만, 보편타당한 진리를 선포하는, 불필요할 정도로 과도한 임무를 수행하지는 않습니다. 철학적 사유를 진리와 연결시키게 되면 그때부터 사유는 온갖 종류의 게이트에 휘말리게 됩니다. 물론 대부분은 그 무게에 눌려 시도조차 꺼릴지도 모릅니다. 그러므로 동일하게 근거가 있는 타인의 입장이나 세계관과 충돌을 일으키는 것은 철학적 상상력에도 지극히 당연하다고 볼 수 있겠습니다.

논리적 근거는 어쩔 수 없이 받아들여야 하는 형식적 성격을 띠고 있습니다. 한편 설득력 있고 호소력 있는 힘을 발휘해야 할 수단은 역시 시의적절하게 체험된 언어일 것입니다. 사형제도를 예로 들어 봅시다. 사형제도를 반대하는 가장 강력한 근거는 여전히 헌법에 보장되어 있는 인권입니다. 인간의 존재근거는 그의 생명이 신성하다는 불가침성에 있습니다. 생명권을 빼앗는 것은 인간의 존재근거를 말살하는 반인륜적 행위라는 것이지요.

하지만 동일한 인도주의적 근거라도 삶의 체험이 바탕이 되면, 훨씬 설득력을 높일 수 있습니다. 약관을 갓 넘었던 이탈리아의 체사레 베카리아Cesare Beccaria, 1738~1794의 체험된 언어가 대표적인 경우입니다. "인간은 오류 없는 존재일 수 없으므로 사형을 내릴 만큼 충분한 확실성이 결코 보장될 수 없다. 사형은 국민에 대한 국가의 전쟁이요, 법을 빙자한 살인"이라는 것이 그의 변함없는 신념이었던 것입니다. 설득은 동감에 바탕을 두고 전개된 언어의 예술이라고 볼 수 있습니다. 다음의 글을 읽어 봅시다.

집에서 혼자 피자를 먹는데 콜라가 모자랐다. 편의점에 가야겠다고 마음을 먹고는 이내 거울 앞에서 부스스한 머리를 한 번 정리하고 옷매무새를 점검하여 흰 티셔츠의 후줄근함을 가려 줄 상의를 걸치고 '이만하면 괜찮음'이란 마음을 먹은 뒤 집을 나섰다. 나오자마자 바람이 휙 하고 지나갔다. 기껏 정리하고 나왔던 머리가 날려서 손으로 감각적인 원상 복구를 시도하였다. 지나가던 사람이 '나'를 한 번 슬쩍 쳐다보고 갔다. 짧은 시간의 흐름 속에서 '나'가 드러나는 시점은 '너'를 인식하는 순간부터이다. 혼자 피자 먹는 행위 자체는 내가 하고 있지만 '나'를 인식하지는 않는다. 즉, 단순히 한 사람이 피자를 먹고 있는 것이다. 그러나 콜라를 사기 위해 편의점을 가야겠다는 마음을 먹는 순간부터 다른 사람과의 관계를 의식하게 되고 비로소 '나'가 인식된다. 옷 입은 상태를 점검하고 '이만하면 괜찮음'이란 마음도 '내'가 '너'에게 보여지는 모습을 신경 쓰는 것의 결과이다. 집에 혼자 있을 때는, 몸이 자연적으로 유지될 수 있는 것이라면 어떤 옷을 입고 있든 신경을 쓰지 않는다. 바람에 머리가 날렸을 때도 사실 머리 날림의 상태가 그 몸에서 시야를 가리지도 않았을 뿐만 아니라 어떤 행동에도 영향을 미치거나 지장이 없는 것이었지만, 자연스럽게 손이 올라가서 머리를 '내가 보이고 싶은' 원래 상태로 정리하는 것은 '너'에게 보여지는 모습에 신경을 쓰는 것이다. 이처럼 세계 속에 단 한 명만 있다면 그 한 명도 그저 이성을 가진 동물로, 그저 자연적인 세계 자체가 된다. 그러나 '너'의 출현으로 인해 관계의 인식이 사고된 후에는 비로소 '나'라는 개념이 생겨나고 '나'를 느끼고 세계와 분리되어 세계도 인식하게 된다. 한 명만 있다면 '내' 삶이 아니라 그냥 '그' 삶이 된다. 예를 들어 내가 책을 반나절 동안 읽었다고 했을 때 혼자이면 '책을 읽었다', '반나절', '책 내용에 담긴 의미와 그 유용성'이라는 정도의 것으로 끝나지만 '너'로 인해 '빌려 갈 만한, 추천할 만한 좋은 책', '반나절, 그렇게 오랫동안?' 등등의 의미가 생겨난다. '나의 영역'은 '너의 영역'으로 인해 비로소 나타나고 구분되며 의미 있어진다. 나의 경험을 통해 나만의 고유한 색깔이 입혀지고 스스로 '나'를 드러내고 있는 것으로 생각할 수 있지만, 그 색깔이 드러나는 것도 다른 색깔이 존재하기 때문이다. 나의 정체성을 드러낼 수 있는 행동양식들은 끊임없이 너와의 관계에 속하게 된다. 따라서 우리는 스스로 드러날 수 없고 드러내어진다.

"인간은 사회적 동물이다." 인간을 생각할 때면 늘 돌아보게 되는 아리스토텔레스의 유명한 격언입니다. 혼자서는 살아갈 수 없다는 단순한 이미지에서부터 인간의 모든 행동은 정치적일 수밖에 없다는 인간 본질을 통찰하고 있는 규정입니다. 침묵까지 정치적인 것이라는, 고도로 계산된 주장이 들어 있는 것이지요. 개인의 사회성은 고유한 삶의 방식이 불가능하다는 의미를 내용으로 하지 않습니다. 오히려 반대입니다. 타인이 있기에 개인은 '다름'을 체험할 수 있으며 삶의 실현을 개개인 상호 간의 인정 욕구로부터 설명할 수 있는 것입니다.

우리는 나와 타인의 존재론적 관계를 어떻게 설득력 있게 설명할 수 있을까요? 철학사는 이 질문에 대해 대단히 난해하고 어려운 개념을 동원하여 해명하고 있습니다. 주체의 능동적 구성력, 타자로부터 오는 수동적 규정성 등 이 분야의 전문가가 아니면 입에 담기조차 민망한 개념들이 등장합니다. 하지만 반드시 그래야만 하는 것은 아님니다. 일상적 삶의 구석구석을 세밀하게 관찰할 수 있는 정신의 힘을 갖추고 있다면, 누구든 심오한 철학적 발견을 몸소 체험할 수 있는 것입니다. 위의 글은 그 이유를 적절하게 확인해 주고 있습니다. 피자를 먹다가 콜라를 사러 갔던 소소한 체험을 통해 나와 타인이 어떻게 동일한 지평에서 서로 연결되어 있고 그 관계로부터 어떻게 의미가 발생하는지를 설득력 있게 전개한 것입니다.

체험을 말하는 데에도
규칙이 없는 것은 아니다

철학적 상상력과 표현은 자신의 주장을 근거 짓는 글쓰기입니다. 그 근거의 중심부에 자신의 체험된 언어가 자리하고 있어야 한다고 누차 강조하였습니다. 체험은 자연스럽게 흘러갑니다. 우리의 삶도 자연에서 꽃을 피워야 제멋이 납니다. 자연에서 생명력을 틔운 꽃을 모든 것이 가지런히 자라는 인공적인 꽃밭에 옮겨다 놓으면 예전만큼 뿌리를 뻗고 성장하기가 어렵습니다. 글이라고 예외일 수 없겠지요. 대부분의 철학적 지혜는 자연의 자연다움을 있는 그대로 직시하면서 얻어집니다. 한번 볼까요?

존엄성의 문제를 생각할 때, 나는 이런 생각이 든다. 살다 보면 짐이 너무 무겁게 느껴질 때가 있고, 버거울 때가 있고, 매일 매일이 쳇바퀴 같아서 무엇인지는 모르지만 처음의 의미를 잃어버린 것 같은 느낌이 있다. 그럴 때 나는 이런 생각을 해 보곤 했다. 태초에 한 조각의 염색체였을 때, 세상을 내다보면서 아직 꿈꾸고 있을 때, 아마도 나는 빨리 태어나고 싶었을 것 같다. 숨을 쉬어 보고 싶고, 걸어 보고 싶고, 말을 해 보고 싶고, 울고, 웃고, 기뻐해 보고 싶었을 것 같다. 그것 자체만으로 충분히 즐거운 일인 것이다. 처음에 태어났을 때는 신선한 공기가, 따뜻한 햇살이, 나의 팔다리가 움직이는 게 신기하고 즐거웠을 것이다. 그러나 살아가면서 오랜 시간이 지나면, 하루하루의 일상에 파묻혀, '해야 하는 것'들에 짓눌려서 처음의 그것을 잊어버리는 것이다. 그래서 인생이 짐같이 느껴지는 것이다.

나는 전부터 인생을 일종의 소풍이라고 생각했다. 소풍을 통해 뭔가 거창한 목표를 이루려고 하지 않듯, 그 자체가 목적이듯이 인생도 그렇다고 생각한다. 다만 내가 걸어가는 여로가, 그 풍경들이, 살아가는 한 장면 한 장면이 소중한 것이다.

실연의 아픔으로 흘리는 눈물은 함께 흘리는 눈물로 닦아 주어야 위로가 되고, 실연의 달콤함으로 빚어진 쓴웃음은 낭만으로 받아 주어야 자연스럽습니다. 비를 맞고 있는 사람에게 큰 우산으로 받쳐 주는 것보다 옆에서 같이 비를 맞아 주는 것이 편안함을 주듯이 말이지요. 존엄성을 주제로 문제 삼으며 위의 글쓴이도 자연스럽게 자신의 삶을 돌아봅니다.

지문이 전체의 일부에 불과하기에 논제가 선명해 보이지는 않지만, 핵심 어구를 드러내기에는 충분해 보입니다. 귀천을 노래했던 어느 시인처럼 인생을 소풍에 비유한 것입니다. 어느 누구도 소풍을 가면서 거창한 목적을 말하고 핏대를 세우며 목을 매지는 않습니다. 다른 것들은 그저 표면적 목적에 불과할 뿐 소풍에는 이미 즐거울 만한 충분한 근거가 있기 때문입니다. 산에 오르며 거창한 이유를 댈 필요도 없습니다. 그냥 '산이 좋아서'라는 표현만으로 충분합니다. 소풍의 자연적 근거처럼 인간 존엄성도 역시 자연적 근거를 지니고 있습니다. 어떠한 인위적인 목적도 필요로 하지 않는다는 뜻입니다.

하지만 자연스러운 체험을 기술하는 데에도 동기와 목적이 뚜렷해야 합니다. 필요할 경우 일정한 형식도 갖출 수 있습니다. 다양한 종류의 물품을 판매하는 대형마트에 간다고 가정해 봅시다. 우리가 대형마트에 가는 이유는 단순히 물건을 구매하는 것에 한정되지 않습니다. 큰 규모의 현대식 인테리어로 치장된 공간에서 카트를 끄는 모습은 세련된 도시인의 생활양식과 연결되어 있기 때문입니다. 다만 우리가 경제적 쇼핑을 원한다면, 반드시 사전에 구매목록을 작성해야 할 것입니다. 아무런 계획 없이 마트에 발을 디뎠다가는 철저하게 계산된 마케팅의 유혹에 넘어가지 않을 수 없습니다.

철학 에세이를 쓰는 일도 원칙적으로 이와 다르지 않습니다. 제한된 지면 위에 자신의 체험을 최대한 표현해 내려면 불필요한 문장과 내용을 줄이고 테제를 함축적으로 전달하는 기술이 필요합니다. 철학을 교과서에 등장하는 낯선 체험을 통해 배울 수는 없지만, 설득력 있는 에세이를 쓰는 기술은 연습을 통해 충분히 습득할 수 있는 것입니다. 물론 글을 쓰는 일은 마트에서 물건을 사거나 축하카드를 쓰는 일보다는 훨씬 복잡하고 다층적입니다. 이와 관련하여 두 가지 규칙을 추천해 보겠습니다.

첫째, 자신의 문제의식을 명확히 설정하는 일입니다. 철학자가 유명해지는 가장 큰 이유는 한 번 꽂힌 주제를 집요하게 물고 늘어지면서 그 탐구 대상에 "세상에 다시없을 …"이라는 수식어를 붙이는 데 익숙하기 때문입니다. 달인은 박식하거나 명석하기보다는 선택과 집중에서 남다르다는 점을 잊어서는 안 됩니다. 처음 설정된 문제의식이 글의 주제와 논거를 마지막까지 결정한다는 사실은 매우 중요합니다. 더욱이 힘이 실린 글을 쓰기 위해서는 문제의식을 스스로 선택하도록 노력해야 합니다.

주제가 외부로부터 주어진 것이라도 상관없습니다. 자신의 맥락에서 재해석할 수 있으면 문제 될 일이 없습니다. 아전인수我田引水와 독창적 자기해석은 종이 한 장 차이입니다. 양자를 구별하는 관건은 설득력의 유무에 있겠지요. 독일의 현대 철학자 하이데거는 독창성에 있어서만큼은 거의 전 체급 세계 통합 챔피언으로 통합니다. 특히 그는 철학사에 등장하는 중요 인물들을 분석하는 데 상당한 지면을 할애했습니다. 문제는 그가 사용한 언어의 조합이 전문가의 눈에는 대부분 주관적 편향을 드러냈다는 점에 있습니다. 그럼에도 그의 주석서는 각종 참고문헌의 목록에서 약방의 감초처럼 안 끼는 데가 없습니다. 왜 그러는 걸까요? 그의 해석은 틀렸을지 몰라도 거친 모습에 담긴 그의 학문적 내면은 충분히 매력적이었던 것입니다. 학문의 질은 옳음으로 자라나는 것이 아니라 개별적 내면의 열정과 독창성을 먹고 살아갑니다. 인성교육이 없는 수사학적 기술의 습득이 영혼 없는 학자를 양산할 수 있듯이, 자기해석의 능력이 부재한 사람은 누군가를 설득하는 데 치명적인 약점을 노출하게 됩니다.

바슐라르를 읽으며 나는 주관적인 의미로서의 행복에 대해 다시 한번 생각해 볼 기회를 얻었다. 현대인들은 왜 행복해하지 않을까? 과거보다 물질적으로는 더 풍요로워졌음에도 불구하고 왜 행복하지 않은가? 행복은 객관적으로 수치화되고 환산될 수 없는 '주관적'인 어떤 것이기 때문이다. 많은 사람들은 행복을 '어딘가에 미리 있는 것'으로 생각한다. 대부분은 행복의 기준으로서 객관적이고 보편적인 잣대를 미리 설정해 놓고 거기에 자신을 맞춰 넣으려고 한다. 그러나 과연 이게 행복일까? 객관적이고 이상적인 행복은 어디에도 없다. 사람들은 행복이 '어딘가에 미리 있는 것'으로 생각하고 현재의 자신에겐 행복이 없

위의 글은 OECD회원국 중에서 최하위권에 머물고 있는 한국의
빈곤한 행복지수를 비판하고 그 원인을 찾기 위해 쓴 글입니다. 비교
적 선명하게 자신의 테제를 제시하고 있다고 볼 수 있습니다. 행복은
무언가를 상상하고 창조할 수 있는 내면의 힘에 놓여 있다고 본 것이
지요.

글쓴이는 이 글이 인간의 삶에서 주관적 상상력을 강조했던 프랑
스 철학자 바슐라르에 영감을 받아 쓴 글임을 밝히고 있습니다. 단어
의 선택과 집중에서 다소 아쉬운 면이 없지 않습니다. 특히 문제의식
은 행복의 사회적 성격을 간과하는 치명적 약점을 안고 있습니다. 인
간은 사회적 동물이기에 자연스럽게 타인과 얽혀 있는 모습에서 행
복을 추구하는 것이지요. 남과의 비교의식이 클수록 만족도가 낮아
불행이 문밖에서 문을 두드리며 열라고 외치는 것은 맞습니다. 하지
만 로빈슨 크루소라면 모를까 남과 비교하지 않고 살아갈 수 있는 사
람은 아무도 없습니다. 우리의 의도는 사회적 인정의 대상과 비교를
대하는 태도에 달려 있을 것입니다. 사회적 지위나 물질적 부가 비교
의 대상이라면, 확실히 우리의 정체성은 열등의식이라는 종착역에

서 멈추게 됩니다. 하지만 우리 사회는 삶을 좀 더 넓고 깊게 볼 필요가 있습니다. 타인이 살아가는 모습을 보며 동행하고 있다는 사실을 함께 느낄 수 있다면, 이는 행복의 조건이 되기도 할 것입니다. 그럼에도 이 글의 선명한 테제는 여전히 가치가 있습니다. 지나치게 행복의 한 측면만을 부각시킨 과함이 있지만 반대로 생각해 보면 행복의 다른 측면을 선명하게 드러내 준 셈이지요. 모든 사태는 늘 동전의 양면을 지니고 있습니다.

둘째, 체험된 언어를 힘 있게 전달하기 위해서는 테제가 선명하게 드러나야 합니다. 테제란 에세이 전체를 한 문장으로 축약하여 보여 줄 수 있는 핵심 주장을 말합니다. 특히 자신의 테제에 자신감을 보이고 있어야 주위의 강한 비바람에도 방황하지 않게 됩니다. 이후에 테제에 영향을 미친 중심 요소들을 적정한 장소에 배치하게 되면 가장 자연스러운 글쓰기가 완성됩니다.

철학적 사유의 문제의식과 테제가 일반적인 것이 아닐 때는 도입부에 자신의 주장을 명확하게 선언하는 것도 나쁘지 않습니다. 스펙트럼의 범위를 넓히기보다 선명한 색채를 덧입히는 일은 때로 호불호好不好를 야기할지도 모릅니다. 그러나 불호를 두려워할 필요는 없습니다. 모든 사람을 설득할 수 있는 글이란 이 세상에 존재하지 않습니다. 인류의 위대한 성인들도 모든 청중을 겨냥하며 연설을 하지는 않았답니다. 철학적 사유는 가급적 많은 대중의 마음을 훔치려는 정치인의 포퓰리즘과는 차원이 다릅니다.

"눈 있는 자는 볼 것이요, 귀 있는 자는 들을 것이다."

더 이상 국민적 소통이 불가능한 상황에서 내뱉은 예수의 최후통첩입니다. 때론 예수의 담담한 마음이 어떤 상황에서도 우리를 굳세고 바르고 총명하게 만드는 수단이 되기도 할 것입니다. 심지어 저서 전체를 테제로만 구성한 철학자도 있습니다. 니체처럼 천재와 기인奇人 사이를 오락가락 했던 루트비히 비트겐슈타인이 그 장본인입니다. 독자에게는 대단히 불친절하게 느껴지지만, 테제가 좋으면 그마저도 멋있어 보이는 법입니다.

1 세계는 일어나는 일들의 총체이다.

1.1 세계는 사실들의 총체이지, 사물들의 총체가 아니다.

1.11 세계는 사실들에 의하여, 그리고 그 사실들이 사실들 전부라는 점에 의하여 확정된다.

1.12 왜냐하면 사실들의 총체는 일어나는 일들과 함께 일어나는 일이 아닌 모든 것을 또한 확정하기 때문이다.

1.13 논리적 공간 속의 사실들이 세계이다.

1.2 세계는 사실들로 나뉜다.

1.21 하나의 일은 일어나거나 일어나지 않거나 할 수 있으며, 나머지 모든 것은 동일하게 남아 있을 수 있다.

— 비트겐슈타인, 『논리-철학 논고』

위의 수수께끼 같은 암호들의 모음집인 『논리—철학 논고』를 출간하며 비트겐슈타인은 일약 세계적 철학자로서 명성을 얻습니다. 세계를 묘사하는 데 있어서 굳이 구구절절한 주석이 달릴 필요가 없다고 생각해서일까요? 비트겐슈타인의 저서는 우리의 언어가 세계에서 일어나는 실제 사실과 정확하게 일치한다는 것을 테제 형식으로 구성합니다. 전통 철학의 최고봉이었던 형이상학처럼 관념의 세계에서 이리저리 방황하지 말고 눈에 보이는 사실의 세계가 생각할 수 있는 전부임을 애써 강조하고 있는 겁니다.

하지만 모든 사람이 비트겐슈타인처럼 글을 쓸 수는 없습니다. 아니, 쓸 수 있을지도 모릅니다. 그러나 그의 경우처럼 유명해지기를 희망해서는 안 됩니다. 운명에는 적절한 타이밍이 있나 봅니다. 세기의 숱한 천재들이 사후에 유명해졌다는 사실을 우리는 기억할 필요가 있습니다. 살아서 유명세를 떨치려면 신의 한 수도 필요합니다. 그런데 신의 한 수를 두기보다 하늘에서 별을 따 오는 것이 더 쉬울 수 있습니다.

오늘의 차선책이 내일의 최선책보다 나을 수도 있습니다. 글을 전개하면서 테제의 정당성을 제공하는 것이 성공 가능성을 높일 수 있다는 의미입니다. 이미 널리 알려진 철학적 개념이라 하더라도 자신의 글을 이해할 수 있도록 풀어 쓸 수 있는 자상함을 보여야 합니다. 다루려는 주제를 가급적 체험된 언어로 명확하게 기술하되, 일상적 용어로 재구성하거나 해석할 수 있어야 한다는 말입니다. 다시 한번 강조하지만 일단 테제가 정해지면 초지일관 자신의 관점을 밀어붙이는 오기를 발휘해야 합니다. 다음 글을 읽어 봅시다.

"집은 살기 위한 기계이다." '르코르뷔지에'의 이 말은, 이전의 로코코 양식의 지나친 장식에 대해 건축의 본질을 회복시키고자 한 모더니즘 건축관을 대변한다고 할 수 있다. 또한 비슷한 시기에 미술계에서는 폴 세잔에서부터 시작되어 피카소, 마티스를 거쳐 칸딘스키와 몬드리안에 의해 추상화가 시도되었는데, 이러한 인상주의, 큐비즘, 추상 회화 역시 자연의 피상적 형태보다는 본질, 이데아의 형상을 추구한다는 점이 두드러진다. 이러한 모더니즘은 이전 시기에 일어난 '산업혁명', '시민혁명'의 영향을 많이 받았다. 당시 생산양식과 사회체제의 급진적 변화는 모든 분야에 있어 익숙했던 세계를 다시 보는 계기가 되었으며, 모더니스트들은 자신들의 세계로부터 분리된 새로운 본질들을 추구하고자 했다.

하지만 모더니즘 역시 본질에는 다가가지 못하였다. 지나친 기계 미학의 추구는 결국 매너리즘으로 굳어졌으며, 그 결과 포스트모더니즘에게 그 자리를 내주게 된다. 이처럼 건축사조, 예술사조가 바뀌는 것과 같이, 또는 정치제도가 계속해서 바뀌는 것처럼 우리는 역사 속에서 수많은 패러다임의 변화를 경험하며 생활하였고, 기존의 패러다임을 비판하며 계속해서 본질을 추구함으로써 새로운 세계를 구축해 나가고자 했다.

　이러한 본질의 추구 속에서 인류의 역사는 기존 세계에 대한 '거리 두기'의 역사라고 할 수 있다. 기존의 익숙함에 대해 행하는 '거리 두기'야말로 객관적으로 세상을 관철하는 과정이자 새로운 패러다임을 제시해 줄 수 있는 중요한 계기인 것이다.

　하지만 이러한 본질의 추구는 현실 사회에서 많은 어려움을 겪는 것이 사실이다. 고흐는 비극 속에 삶을 마감했고, 건축가 루이스 칸 역시 재정의 어려움과 함께 지하철에서 쓸쓸한 죽음을 맞이했다. 이 글에서는 '거리 두기'를 통한 상대적 가치들의 배제, 절대적 본질의 추구에 대해서 논하고자 하며, 더 나아가 절대적 가치에 다가감에 따라 겪을 수 있는 문제점들, 그리고 그럼에도 불구하고 우리가 '거리 두기'를 계속해야 하는 이유에 대해 말하고자 한다.

　윗글의 저자는 건축 형태의 변화과정과 미술, 더 나아가 이념의 변천사가 과거의 가치관에 대한 비판에서 비롯되었다는 테제를 견지하고 있습니다. 비교적 초반부에 글쓴이는 인류의 역사가 기존 세계관을 밀어내는 지속적 거리 두기의 역사임을 선명하게 밝힌 것입니다. 하지만 그 과정이 순조롭게 진행될 수 있다고 믿는 사람은 아직 펼쳐지지도 않은 남의 책을 판단하는 것과 같습니다. 과거로부터 거리를 두는 일은 익숙함을 거부할 수 있는 정신의 힘을 요구하기도 하지만, 해당 분야에서 이미 텃세를 부리고 있는 영향력 있는 세계관과의 격렬한 논쟁도 감수해야만 하는 것입니다. 대부분의 경우는 기득권에 복종하며 자유로부터 도피하거나, 기껏해야 익숙함에 순응하여 정당화하는 과정을 거치게 됩니다. 그러기에 글쓴이는 수많은 정신의 왕자들이 자처했던 삶의 어두운 자락을 예로 거론한 것입니다.

이 글의 구성은 나름대로 탄탄합니다. 건축, 미술, 철학 등 해당 분야에 사용되는 개념을 혼용하여 사용하고 있기에 다소 어렵게 읽히지만 정신적으로 오락가락 방황하고 있지는 않습니다. 그런데 결정적인 부분에서 쏟아 내는 개념의 이해가 글 전체를 혼돈混沌의 도가니로 몰고 갑니다. 본질에 대한 개념이 그것입니다.

모더니즘은 분명 사물의 본질을 추구하며 발달한 사유방식입니다. 포스트모더니즘은 그러한 모더니즘에 반발하며 새로운 유형의 삶의 방식을 추구합니다. 문제는 포스트모더니즘이 새로운 종류의 본질을 추구한 것이 아니라, 본질을 추구하는 행위 자체에 거리 두기를 행하였다는 사실입니다. 글쓴이는 모더니즘과 포스트모더니즘을 결정적으로 가르고 있는 본질에 대한 개념을 정확히 이해하지 못하였기에 그만 샛길로 빠져 버린 것입니다.

이러한 사달을 피하기 위해서는 글을 쓰기 전에 먼저 선택한 개념에 대한 정확한 이해가 선행되어야 합니다. 물론 최악의 경우는 자신이 무슨 말을 하고 있는지 모른 채 개념을 사용하는 경우입니다. 권력에 눈이 먼 대부분의 정치적 연설들이 그렇듯, 학문적 논문도 저자 자신이 무슨 말을 하고 있는지 모른 채로 논의를 전개하는 경우가 왕왕 있습니다. 테제를 세우기 위해 철학적 개념을 사용하려거든 반드시 그것의 의미를 따져 봐야 한다는 말입니다. 자신을 위해서가 아니라 독자를 위해서 친절하게 설명하는 것도 좋은 방식입니다. 개념을 중심으로 테제를 세우는 것은 좋은 글쓰기에서 일반적으로 사용하는 방식이기도 합니다.

개성을 살려라

우리는 지금까지 철학적 상상력의 목적을 글쓴이의 자유로운 주관으로 환원해 버린 감이 없지 않습니다. 객관주의를 신봉하는 식자들이 현대 지성사를 주도하며 주체에 대한 혐오대열에 앞장서고 있습니다. 우리의 가치판단에는 당연히 오해의 소지가 있습니다. 특히 표현이 지니고 있는 학문성을 주장하는 사람들에게 주관적 체험을 통한 설득력은 반감을 일으키기 십상이지요. 우리는 철학적 상상력과 표현을 단순한 주관적 감상문으로 대체하려는 것이 아닙니다. 이번 장에서는 철학적 상상력의 목적과 전형적인 유형을 살펴보겠습니다.

모든 일이 그렇듯, 생각과 표현에도 목적이 있습니다. 에세이든, 학술적 논문이든 글을 쓰는 일은 기록이나 지식을 구성하고 전달하는 최상의 도구이자 다양한 관점을 얻을 수 있는 유력한 수단입니다. 그래서 우리는 문제의식을 명확히 하고 테제를 선명하게 세워야 한다고 앞서 강조한 것입니다. 어떤 사회적 현상이나 대상을 사유의 대상으로 삼을 것인지, 어떠한 이론을 분석하고 평가하려는 것인지 글의 의도를 명확하게 설정하는 것이 좋습니다. 누군가의 작품에 대한 일반적 해석을 글쓰기의 대상으로 삼는 것인지 아니면 작품에 대한 자신만의 특별한 해석을 시도하려는 것인지도 분명히 해야 합니다.

그런데 이 모든 것보다 더 중요한 것이 있습니다. 자신의 개성을 십분 발휘하는 일입니다. 엄밀한 의미에서 철학사는 개성의 백가쟁명百家爭鳴이 만들어 낸 일종의 자기 소개서입니다. 역사에 자신의 발자취를 남긴 인물일수록 시대의 과제를 짊어지거나 특정한 주제를 고집했다기보다, 그 과제와 주제를 수단으로 삼아 자신의 독특한 삶을 연출했다고 볼 수 있습니다. 글 속에 진지함이 담겨 있을수록 개성의 강도는 더욱 뚜렷해집니다. 이제 철학사에 등장한 상상력의 유형을 개성의 관점에서 소개해 보도록 하겠습니다.

반전의 묘미를 살려라

    소소한 일상에서 시작하는 이야기임에도 스릴, 긴장, 반전 등 저마다 매력이 뚜렷한 탓에 거부할 수 없는 흡인력을 지닌 책이 추리소설입니다. 책을 펼치는 순간 눈을 떼지 못할 정도의 역동성을 지닌 탓이지요. 철학적 상상력을 추리소설처럼 처음부터 끝까지 짜릿한 긴장감으로 엮어 낼 수는 없습니다. 할 수만 있다면 좋겠는데, 그것을 요구하는 것은 무리입니다. 철학 에세이는 추리소설이 아닙니다. 그러나 철학적 표현이라고 해서 마냥 지루한 전개방식을 고집할 필요는 없습니다. 철학적 상상력에서도 독자의 허를 찌르는 반전이 가능하기 때문입니다.

    철학적 표현에 반전의 묘미가 있다는 말은 누구나 알고 있는 상식을 벗어나야 한다는 의미일까요? 결론적으로 보면, 그렇습니다. 그러나 이는 단순히 비상식적으로 글을 써야 한다는 말은 아닙니다. 우리가 알고 있는 상식의 안일함에서 벗어나 달리 생각할 수 있는 가능성을 열어 줘야 한다는 의미입니다. 다음 글을 읽어 봅시다.

게임중독은 현실이나 위험을 회피하는 성격이 원인이기 때문에 먼저 가상세계보다는 현실세계에서 재미를 느낄 수 있도록 해 주어야 한다. 그리고 컴퓨터를 거실과 같은 모든 사람이 사용할 수 있는 공간에 설치하여 컴퓨터 사용하는 모습을 다수에게 노출시켜 외부적으로 통제한다. 만약 게임중독이 심각할 경우 우울증 치료에 쓰이는 약을 이용하여 약물치료를 하는 방법도 있다. 하지만 가장 중요한 것은 게임중독에 빠진 그 사람이 가진 게임중독 원인을 찾아 그것에 맞게 해결하는 것이다. 예를 들어, 만약 아이가 현실세계에서 대인관계가 원만하지 않거나 부모와의 대화가 적어 게임에 중독된 경우에는 부모와의 활발한 대화와 취미활동을 찾아 주는 것으로 게임중독을 해결할 수 있다.

게임에 빠져 아이를 굶기고 부모를 살해하는 사건을 접하며, 어느덧 우리는 게임중독을 사회문제로 간주해야만 하는 시대를 살고 있습니다. 위의 글은 소위 말하는 전문가의 의견이 반영된 글쓰기입니다. 중독문제 전문가답게 사태의 해결방안도 지극히 전문가다워 보입니다. 중독의 원인을 진단하고 치유책을 제안한 것입니다.

문제는 바로 이 전문성에 있습니다. 여기서 우리는 '전문적이다'라고 쓰고 '뻔하다'고 읽습니다. 문제의 해결안이 너무나 당연하기에 반박의 여지를 허용하지는 않지만, 그만큼 흥미도 끌지 못하기 때문입니다. 누구나 알고 있는 상식적인 대안이 전문가의 입에서 나온다고 하여 갑자기 창조적 아이템이 될 일은 없습니다. 내일 폭우와 낙뢰가 예상되니 피해를 당하지 않도록 유의하라는 전문가의 당부와 무엇이 다를까요? 이런 투로 철학적 상상력을 전개한다면, 철학의 몰락을 막을 수 없을 것 같습니다. 언제나 가장 큰 적은 내부에 있기 마련입니다. 독자에게 시간의 흐름을 무색게 하는 긴장감이나 삶의 즐거움을 선사해 줄 수는 없는 걸까요?

이왕 말이 나왔으니 중독의 문제를 예로 들어 봅시다. 중독이 정상적인 것이라거나 혹은 바람직하다고 주장할 수는 없는 노릇입니다. 하지만 그 원인을 추적하는 데 있어서 우리는 최소한 일반적 관점을 벗어날 필요는 있습니다. 단순히 가정환경이 불우하다거나 대인관계, 유전적 요인을 살펴보는 일은 제비를 보고 제비의 계절이 오고 있다고 추측하는 것과 다를 바 없습니다. 철학적 상상력은 눈에 보이는 선후관계를 인과관계로 표현하는 일차원적 단계를 넘어서야 합니다. 우리의 시야를 넓고 깊게 만들어 봅시다.

현대 문명이 소비중독으로부터 성장의 주된 동력을 뽑아내고 있다는 사실은 분명해 보인다. 정확하게 표현하면, 현대 사회는 중독을 통해 이윤을 추구하고 있다. 우리의 몸을 길들이고 있는 자본주의 문명은 향정신성 물질 중독만큼이나 위험한 의식적 종속과 중독을 외면하거나 기꺼이 허용하고 있다. 이윤 추구와 효율이라는 대의에 부합하는지가 이른바 허용과 금지의 윤리적 기준이 되고 있는 것이다. 현란한 광고의 유혹 및 미디어의 선전은 웬만한 자연적 자극에는 반응조차 보일 수 없도록 현대인의 뇌 보상회로reward circuitry를 교란시키고 있다. 최근의 다양한 사례연구가 보여 주듯, 스마트폰, 게임, 인터넷, TV, 쇼핑, 섹스, 일, 음식, 휴가, 운동, 교육, 성형 등등 현대인의 일상에서 중독의 마수를 벗어날 수 있는 영역은 거의 없다. 물질적 성장을 최고선으로 둔갑시킨 현대 자본주의 문명이 인간의 모든 일상 영역을 효율과 생산성의 현장으로 만들어 버렸기 때문이다.

중독이 건강하지 못한 삶의 방식임은 틀림없지만, 현대 사회가 각종 중독으로부터 이윤을 추구하고 있다는 것도 부인할 수 없는 사실입니다. 가장 지속적이고 안정적으로 상품을 소비하게 할 수 있는 최적의 광고수단이 이른바 소비자의 몸과 마음을 중독시키는 일이기 때문입니다. 위의 글은 중독의 현상을 통해 우리가 통과하고 있는 시대

정신의 근본적 문제를 지적하고 비판하는 반전을 보여 줍니다. 소비를 위해 병을 만들어 이윤을 추구하고 그것을 치료하는 약을 팔아 재차 이윤을 축적하는 현대 문명의 이중성을 고발하고 있는 것입니다.

중독에 빠진 삶은 거의 독백獨白의 자기관계를 드러내고 있습니다. 중독된 의식을 단적으로 표현하면 '의식과 대상의 일방적 관계'라고 부를 수 있겠습니다. 세계와의 열린 관계 맺음과는 달리 일방적으로 맺어진 관계는 세계를 향해 열려 있는 삶의 존재론적 가능성을 단순화시킵니다. 이러한 단순화가 자연적 지향성에 내재된 소박한 감성을 특정 관계로 고정시키는 결과로 이어집니다. 그럼에도 중독된 의식을 병리현상에만 초점을 맞춰 다루게 되면, 자칫 발병의 병리적 역학관계와는 별개로 그것을 야기한 사회심리학적 맥락을 간과하기 십상입니다. 전문가라면 중독의 표면적 현상과 일상으로의 회복을 말하기 이전에 중독의 시대를 야기한 문명의 이중성을 고발할 용기를 가져야 할 것입니다.

역사적으로 보면, 반전의 글쓰기를 행한 철학자들이 꽤 있습니다. 그 가운데 대표적인 인물이 소크라테스입니다. 소크라테스는 플라톤, 아리스토텔레스와 함께 서양 철학의 기틀을 만든 인물입니다. 어떻게 보면 그는 생김새에서부터 소름 돋는 운명의 반전을 보여 줍니다. 지혜의 보고라고 불릴 만큼 후세에 막대한 영향을 미친 인물임에도, 그의 몰골은 오늘날 우리가 생각하는 학식과 기품을 갖춘 학자의 모습과는 거리가 있었던 것으로 보입니다. 후대에 덧칠해졌을 것으로 보이는 초상화에서조차 초라한 이미지를 과시하고 있으니 말입니다. 평생을 길거리와 시장을 배회하며 하늘을 이불 삼고 땅을 베개 삼아 살았으니 노숙자의 몰골을 피하기 어려웠을 것입니다.

더 놀라운 반전은 그의 언어 사용법에 있습니다. 소크라테스의 언어는 늘 일반적인 인과법칙으로부터 벗어났습니다. 흔히 말하는 그의 산파술 ─질문을 거듭하며 스스로 깨우치도록 하는 대화방식─ 은 예상을 뒤엎는 결론으로 독자를 놀라게 합니다. 한 가지 예를 들어 봅시다.

> 그러한 사람들은 지자와 무지한 자들의 중간에 있는 사람들이고, 에로스도 그러한 중간자들 중의 하나라는 사실은 어린아이에게도 자명한 일이지요. 사실 지혜란 가장 아름다운 것 속에 있는 것이고 에로스는 아름다운 것을 사랑하기 때문에. 에로스는 필연적으로 지혜를 사랑하는 자일 수밖에 없고, 지혜를 사랑하는 한 그는 지자와 무지한 자의 중간자가 되는 셈이지요. 에로스가 그러한 성질을 지니게 된 원인은 그의 탄생에서 찾을 수 있답니다. 사실 그는 지혜롭고 모든 수단을 잘 쓸 줄 아는 아버지와 지혜롭지 못하고 어떠한 수단도 잘 알지 못하는 어머니로부터 태어났으니까요. 친애하는 소크라테스여! 바로 그러한 것이 이 정령 즉 에로스의 본성이랍니다.
>
> ─ 플라톤, 『향연』

위의 글은 플라톤의 저서『향연』의 일부입니다. 말이 플라톤의 저서이지 소크라테스와의 대화가 주된 내용으로 기술되었기에 엄밀한 의미에서 소크라테스의 글이나 진배없습니다. 이 글의 주제는 사랑입니다. 소크라테스는 사랑과 관련된 인생사의 편린을 한눈에 읽어 낼 수 있도록 우리를 안내합니다. 그는 인간적 사랑의 본질이 결핍에 있다고 합니다. 인간은 결핍된 존재이기에 아름다움과 지혜를 사랑하는 자가 되었다는 말입니다. 결론만 놓고 보면, 왜 이러한 주장이 예상 밖의 반전인지 의아할 수 있습니다. 그러나 전후 맥락을 살펴보면, 소크라테스의 주장은 상식을 뛰어넘은 의외의 결론이라는 사실을 확인할 수 있습니다.

저서의 제목인『향연』에 대한 설명부터 해야 되겠군요. 고대 그리스 시대의 향연은 오늘날처럼 모여서 먹고 마시며 즐기는 떠들썩한 회식자리를 지칭하지 않습니다. 물론 잔치인 것은 분명합니다. 그러나 회식이 철학적 토론을 겸하는 장소이기도 했다는 사실이 중요합니다. 당시 귀족들에게 있어서 향연이란 생활의 일부라고 보면 됩니다. 같이 모여 식사를 하며 정해진 주제를 놓고 정치적 담론과 철학적 토론을 함으로써 사회적 입장을 교환하고 삶의 활력을 도모했던 것이지요. 모임을 주선했던 인물은 마침 비극경연대회 수상자였던 아가톤이었습니다. 파우사니아스, 에릭시마코스, 아리스토파네스, 소크라테스 등이 의견 발표를 위해 초대된 인사들이며, 차례로 자신의 입장을 강연하는 것으로 저서의 본문을 구성하고 있습니다.

첫 번째 화자로 거론된 파우사니아스는 '비속한 에로스'와 '천상의 에로스'를 말합니다. 이는 우리에게도 매우 익숙한 사랑의 방정식입니다. 대부분은 인간적 사랑을 매우 가치 있는 무엇으로 여깁니다. 그러나 사랑의 스칼라가 모두 동일하다고 생각지는 않습니다. 자신의 전부를 던져 지켜 내는 사랑이 있는가 하면, 돈으로 사고파는 사랑도 있습니다. 사랑에 있어서 천상과 비속의 구별이 가능한 이유입니다.

두 번째 등장하는 사랑의 유형은 보다 섬세합니다. 사랑의 본질은 자연의 갈등과 대립을 조정하는 조화이자 신의 영혼과도 같다는 것입니다. 그럼에도 여전히 우리의 상식에서 벗어나지는 않습니다. 눈에 보이는 자연의 상태는 갈등과 대립의 연속입니다. 먹이사슬에 따른 생존경쟁도 있고 무관심과 무정함으로 무장한 채 잔인한 운명의 뒤바뀜을 그저 바라만 볼 때도 있습니다. 하지만 공존과 상생이 있기에 자연의 균형이 유지된다고 볼 수 있습니다. 사랑을 이러한 균형의 원동력으로 보는 것은 자연스러운 결론입니다. 인류에 대한 사랑을 이루기 위해 과감히 희생을 선택하는 숭고한 자들 앞에서 우리는 초인이 되지 못하는 스스로를 자책하기보다 나를 넘어서는 사랑의 힘을 느끼게 되는 겁니다.

세 번째는 예술과 문학 속에 약방의 감초처럼 등장하는 사랑관입니다. 사랑을 '잃어버린 반쪽을 찾기까지의 여정'으로 묘사합니다. 혼자서는 완전할 수 없는 반쪽을 보완해 주는 그런 운명의 상대를 만나려는 자연적 본능은 합일에 이르려는 갈망이라고 볼 수 있습니다. 누군가와 만나서 사랑에 빠졌을 때, 우리가 운명적 만남이라고 느끼는 것도 이러한 문화적 무의식에서 유전된 듯합니다.

네 번째 사랑에 대한 견해는 지금까지의 논의를 종합하면 될 것 같습니다. 논객들의 의견을 경청하고 있던 아가톤은 향연의 호스트답게 토론의 결말을 지으려고 합니다. 그는 모든 신 가운데서 최고의 신을 에로스로 묘사합니다. 태초에 카오스가 있었고 하늘과 땅이 나누어집니다. 그 틈새를 에로스가 메웠던 것입니다. 에로스는 사실 가장 원초적인 신이자, 가장 아름답고 선한 신으로 묘사됩니다. 인간이 신의 분신이라면, 그의 사랑도 신적 본성에서 유래한다고 볼 수 있겠지요. 사랑에 빠진 사람이 아름다움과 부드러움을 보이지만, 다른 편에서 용감하고 창조적인 능력을 발휘하는 것도 사랑의 신이 모든 것의 근원이기 때문입니다.

이제 마지막 차례가 소크라테스입니다. 우리가 그의 입장이라면, 더 이상 무슨 말을 할 수 있을까요? 서로 돌아가면서 덕담을 나누는 자리에 마지막 주자는 거의 할 말이 없기 마련입니다. 그런 자리일수록 매도 먼저 맞는 게 나은 법이지요. 여기서 우리가 읽은 소크라테스의 반전이 시작됩니다. 지금까지의 논의는 무미건조하지는 않습니다. 하지만 잠시 잠깐의 졸음 방지턱일 뿐, 불꽃같은 정열적 사랑과 만나면 1회전도 못 버티고 KO패 할 것 같습니다. 소크라테스는 앞선 입장들을 보완하거나 반박하려는 시도에서 벗어나 완전히 다른 관점으로 사랑을 보기 시작합니다. 다시 한번 반전의 논점을 정리해 봅시다.

소크라테스는 사랑의 본질을 고귀하거나 완전한 그 무엇으로 보려는 기존의 관점에서 과감히 방향을 선회합니다. 그는 디오티마라는 여사제의 입을 빌려 에로스가 어떻게 이 세상에 모습을 드러내게 되었는지부터 설명합니다. 아프로디테의 생일을 맞아 거하게 축하연을 벌일 때, 풍요의 신 포로스와 가난과 빈곤을 상징하는 여인인 페니아가 서로 눈이 맞았고, 그렇게 탄생한 존재가 바로 에로스라는 것입니다. 재벌과 가난한 여주인공의 막장드라마스러운 비련의 만남이 에로스를 탄생시킨 비밀인 것입니다.

줄거리만 보면 상업영화의 모든 구성요소를 다 갖추었다고 볼 수 있습니다. 그러나 에로스는 다른 막장드라마처럼 욕망과 불륜, 음모와 폭력, 사랑과 배신으로 이야기를 끌어가지는 않습니다. 형벌의 노동을 하염없이 반복해야 했던 시시포스Sisyphos의 딱한 처지가 에로스의 운명과 많이 닮았습니다. 에로스는 충만하고, 아름답고, 풍요로운 신이 아니라, 그 충만함과 아름다움과 풍요로움을 평생 꿈꾸며 살아가는 운명의 신이 된 것이지요. 한마디로 말하면, 결핍의 신인 것입니다.

이러한 결핍의 존재가 과연 누구일까요? 바로 인간입니다. 소크라테스는 에로스를 외롭고 처절하게 노력하는 인간의 운명에 빗대어 설명한 것입니다. 이러한 생각의 전환은 가히 코페르니쿠스의 혁명에 비견할 만합니다. 그 이유는 기존의 관점이 에로스를 어떤 식으로든 신의 본성에서 찾은 반면, 소크라테스는 사랑의 본성을 너무도 인간적인 특징에서 찾았기 때문입니다. 그의 견해가 조금은 낯설게 느껴지는 것도 사실이지만, 자신의 운명을 끊임없이 고민하는 인간의 현실을 있는 그대로 직시하고 있다는 점이 주목할 만합니다. 조금만 깊이 생각해 보면, 사랑이 결핍에서 유래한다는 주장은 매우 자연스러운 것입니다.

물이나 공기처럼 사랑도 눈에 보이지 않지만 삶을 유지시키는 '살아 있음'의 구성요소임은 틀림없습니다. 하지만 그것이 전부라면, 우리가 사랑을 애타게 노래하는 일도 없을 듯합니다. 우리가 무언가를 그리워하는 이유는 그것의 부재가 고통스럽기 때문일 겁니다. 사랑이 넘치는 인플레이션의 시대에 살고 있으면서 사랑을 말하려니 조금은 민망합니다. 이는 사랑의 부재에 대한 두려움으로 그 가치를 담아내려는 무차별적 욕망이 가치의 본질을 훼손한 경우입니다. 사랑이 결핍과 연관이 있다는 소크라테스의 생각은 그것이 우리의 실존적 고통에서 유래하고 있다는 의미입니다.

절대로 틀릴 수 없는
생각을 하라

설득력 있는 철학적 표현이 반드시 논리적인 구조를 갖출 필요는 없습니다. 체험된 언어를 통한 설득력은 단순히 형식적 논리만으로 성립할 수는 없기 때문입니다. 그러나 이를 근거로 철학 에세이를 논리적으로 써서는 안 된다고 주장한다면, 이 또한 논리적 오류가 됩니다. 수학적 엄밀함을 바탕으로 하는 논리학은 문명과 인간적 사유의 비밀을 풀 수 있는 가장 오래된 열쇠였습니다. 이는 부인할 수 없는 사실입니다. 철학의 역사와 수학의 역사가 상당 부분 겹치는 이유가 바로 여기에 있습니다. 이름만 대면 누구나 알 만한 대부분의 철학자가 동시에 탁월한 수학자였다는 사실도 주목할 필요가 있습니다.

수학을 바탕으로 하는 논리적 사고가 없었다면, 철학사는 어떤 나침판도 발견하지 못한 거친 항로를 예고해야만 했을 것입니다. 플라톤이 직접 만들고 가르쳤던 아카데미아의 정문에는 "기하학을 모르는 자는 들어오지 말라"는 현판이 걸려 있다고 합니다. 플라톤과 그의 제자 아리스토텔레스의 관심사가 철학과 수학에 집중되어 있다는 사실은 익히 알려져 있습니다. 우주 만물과 존재의 운동 밑바탕에 일정한 질서가 있을 거라는 생각은 오랫동안 철학적 사유를 쥐고 흔들었던 강력한 신념이었습니다. 당연히 우리는 가장 논리적인 방식을 통해 어느 누구도 반박할 수 없는 사유를 감행할 수 있습니다. 다음 글을 읽어 봅시다.

공리주의는 경제학과 많이 닮았다. 공리주의의 기본은 공리성^{utility}을 가치판단의 중심으로 하는 것이다. 공리성은 경제학에서도 주요하게 사용하는 개념이다. 경제학은 제한된 재화를 가장 효율적으로 배분하는 것을 연구하는 것이다. 미시경제학에서 연구하는 궁극적인 목적은 효용 극대화이다. 경제학에서는 다양한 방법으로 효용을 극대화하는 것을 연구하는 것이고, 공리주의는 그에 대해 최대다수의 최대행복의 성취를 통해 인간의 행동에 가치판단을 하는 것이다. 공리주의의 최대다수의 최대행복은 단순한 개인선호체계의 모델화를 통해 나타낼 수 있다. 인간의 행복의 증진이 선악판단의 기준이 되고, 개인의 행복 최대화가 곧 최대다수의 최대행복에 포함된다는 것이 공리의 원리이다.

공리주의는 효용과 최대행복의 원리를 도덕의 기초로 삼고 있으며, 어떤 행동이든 행복을 중진시킬수록 옳은 것이 되고 그와 반대되는 것을 옳지 못한 것이라 주장하는 근대의 사조입니다. 대표 사상가로는 양적 공리주의를 주장한 벤담과 질적인 측면을 통해 한층 업그레이드된 공리주의를 내세운 밀이 있습니다. 이 글의 테제는 공리주의와 경제학의 유사성을 증명하는 것입니다. 결론에 이르는 데 사용된 매개 개념이 공리성입니다. 글쓴이는 공리주의에서 사용하고 있는 원칙이 경제학에서 말하는 효용의 극대화와 흡사하다는 논리를 전개하고 있습니다. 이것을 논리적 형식으로 표기해 보면 다음과 같습니다.

전제 1: 공리주의와 경제학이 동일한 원리를 사용하고 있다면, 서로 유사성이 있다.
전제 2: 공리주의와 경제학은 공리 즉 재화를 효율적으로 배분하는 것을 공통분모로 삼고 있다.
결 론: 공리주의와 경제학은 유사성이 있다.

연역논증의 하나인 전건긍정의 형식을 지닌 논증입니다. 연역논증은 전제로부터 결론이 필연적으로 도출되는 논증이기에 앞선 에세이는 반드시 옳을 수밖에 없습니다. 물론 형식이 만사형통은 아닙니다. 우리는 당연히 글의 내용이 지니고 있는 사실성을 검증할 필요가 있습니다. 공리가 단순히 재화를 효율적으로 배분하는 차원에 국한될 수 있는지도 의문입니다. 그럼에도 사실의 진위 여부를 떠나 이 글이 지니고 있는 형식적 옳음을 부정할 수는 없습니다.

많은 철학자들이 논리적 글쓰기를 통해 승부수를 던진 것은 역사적 사실입니다. 근대 철학의 아버지로 불리는 데카르트는 철학자라기보다는 오히려 수학자에 가깝습니다. 『성찰』보다 앞서 출간된 『방법서설』의 부록인 「기하학La Geometrie」에서 그는 '좌표계'라는 새로운 개념을 소개합니다. 미분과 적분의 달인 라이프니츠도 수학의 세계로부터 영감을 받아 사유체계를 완성합니다. 현상학을 출발시켰던 후설의 경우 역시 수학의 세계를 떠나서는 그의 엄밀한 이론을 설명하기가 불가능합니다. 그의 트레이드 마크인 '엄밀한 학문으로서의 철학'은 수학적 엄밀함을 떠올리게 하지요.

다음에서 인용할 글은 고대 그리스 철학자 아리스토텔레스의 『니코마코스 윤리학』의 일부입니다. 논증을 생명으로 하는 글쓰기라면 모를까, 우리는 여전히 윤리학과 수학 간에 어떠한 연관이 있는지 의아할 수 있습니다. 하지만 다음의 글을 읽고 나면 생각이 완전히 달라질 것입니다.

무엇보다도 행복이야말로 무조건 궁극적인 것 같다. 우리는 행복을 언제나 그 자체 때문에 선택하고, 결코 다른 것 때문에 선택하지 않기 때문이다. 명예와 쾌락과 지성과 모든 미덕의 경우는 이와 다르다. 우리는 그것들을 그 자체 때문에도 선택하고 (우리는 그것들을 결과에 관계없이 선택하니까), 그것들을 통해 행복한 삶을 살게 되리라 믿으며 행복을 위해서도 선택한다. 하지만 그런 것들 때문에 또는 다른 어떤 것 때문에 행복을 선택하는 사람은 아무도 없다.

자족이라는 관점에서 보아도 같은 결론이 나는 것 같다. 궁극적인 좋음은 자족적인 것으로 생각되기 때문이다. 우리가 말하는 자족이란 개념은 혼자 사는 단독자가 아니라, 부모와 처자와 친구와 동료 시민 일반과 더불어 사는 사람에게 적용된다. 인간은 본성적으로 사회적인 존재이기 때문이다. 그러나 여기에는 제한을 두어야 한다. 이를 선조들과, 자손들과, 친구의 친구들에게까지 범위를 확대하면 한도 끝도 없을 테니 말이다. 하지만 이 문제는 나중에 고찰하기로 하자. 현재로서는 자족이란, 그 자체로 삶을 바람직하게 만들며 아무것도 모자람이 없는 상태라고 정의한다. 우리는 행복이 그런 것이라고 생각한다. 나아가 우리는 행복을 가장 바람직한 것으로 여기고, 여럿 중 하나라고 여기지 않는다. 행복이 여럿 중 하나라고 여겨진다면, 가장 작은 좋음이 보태어져도 행복은 분명 더 바람직한 것이 될 것이다. 좋음이 보태어지면 좋음은 더 커질 것이고, 두 좋음 가운데 더 큰 쪽이 언제나 더 바람직하기 때문이다. 따라서 행복은 우리 행동의 목적인 만큼 분명 궁극적이고 자족적이다.

— 아리스토텔레스, 『니코마코스 윤리학』

플라톤의 수제자답게 아리스토텔레스는 존재의 첫 번째 원리를 찾는 데 익숙해져 있습니다. 플라톤의 생각이 보편적인 것에서 출발하여 개별적인 것으로 움직인 반면, 제자는 스승의 생각을 정반대로 뒤집었다는 점이 차이라면 차이인 것 같습니다. 그래서인지 플라톤이 보편적인 것 중에서도 보편적인 이데아를 꿈꿨다면, 아리스토텔레스는 개별적인 것 중에서도 개별적인 행복을 말합니다. 하지만 스승의 생각을 뒤집는다는 것이 그리 쉬운 일은 아니었겠지요. 아리스토텔레스가 선택할 수 있는 경우의 수는 그리 많아 보이지 않습니다. 스승의 생각으로부터 거리 두기를 행하고 자신의 주장을 정당화하기 위해 그가 사용한 방식은 이른바 누구도 반박할 수 없는 논리적 사유입니다.

플라톤의 생각지도에도 행복이라는 개념이 등장은 합니다. 플라톤은 행복이라는 질그릇에 '선'과 '좋음'이라는 이데아를 채워 넣습니다. 행복은 자신 안에서 선한 것과 좋은 것을 찾은 자의 유산이며, 행복한 삶이 곧 이성적 삶이라는 것이지요. 선과 좋음을 '자신이 사랑하는 것'이라고 해석한다면, 뭐 틀린 말은 아닌 것 같습니다. 하지만 보편, 이성, 좋음 등으로 나열되어 있는 문장의 화려한 구조는 지나칠 정도로 '머리로 아는 것'에 의존해 있습니다. 새로움, 즐거움과 같은 감각적 체험을 대신한 플라톤의 인식의 세계를 독해해 내려면 많은 인내심이 필요한 이유입니다. 특정한 고기를 잡기 위해 망망대해에서 하루 종일 손에 피멍이 들도록 그물질을 해야 하는 어부의 마음으로 우리는 플라톤을 읽어야 합니다.

그래서일까요? 아리스토텔레스는 이 '좋은 것'이라는 개념을 이해하는 방식에서 스승보다 대중적인 방식을 내놓습니다. 어떠한 개체에게 좋음이라는 것은 곧 그것의 목적이라는 것이지요. 아리스토텔레스는 '목적 개념' 단 하나로 철학사에 거대한 물길을 열어 줍니다.

목적론적 존재론이란, 모든 존재는 내재적으로 존재의 목적을 가지고 있다는 이론입니다. 뒤집어 보면, 목적 없이 존재하는 개별자는 존재할 이유도 가치도 잃어버리게 됩니다. 아리스토텔레스는 스승이 가르쳐 준 '좋음'이라는 단어를 과감하게 '목적'이라는 단어로 바꾸어 버립니다.

목적론적 세계관은 확실히 강점을 지니고 있습니다. 특히 오늘날 환경윤리의 근거를 찾을 때 제법 활용도가 높습니다. 자연은 인간의 편의를 위해 소모되는 수단이 아니라, 온전히 자신으로 존재하는 목적이라는 주장이 설득력을 얻기 때문입니다. 물론 이는 증명이 아닌 형이상학적 전제에 불과하기에, 아리스토텔레스 철학의 결정적 약점으로 간주되기도 합니다. 더욱이 목적론과 함께 철학사는 물에 직접 손을 담그는 상상력의 보고에서 물길만을 보여 주는 이론적 부감俯瞰의 역할을 자처하게 됩니다. 아무것도 믿을 수 없는 시대적 혼란

속에서 목적론이야말로 사상가들이 기댈 수 있는 유일한 변신론辯神
論이 되고, 이를 활용하여 정치권력은 손쉽게 대중의 마음을 훔칠 만
한 이념을 생산할 수 있게 됩니다.

　젊음의 열정을 주체할 수 없었던 시절 저자도 역사의 목적과 필연
적 진행을 철석같이 믿었던 적이 있습니다. "역사의 거대한 물줄기
는 개인이나 이익집단이 막으려 해도 막을 수 없는 거야!"라고 외치
며 역사의 숭고한 물줄기에 편승하여 살 수 있다면 그것보다 더 의미
있는 삶은 없다고 자랑스럽게 선언한 것이지요. 지금은 역사법칙 같
은 것을 별로 생각하지 않는 편입니다. 역사법칙 그 자체를 부정한
다기보다 그 법칙이 기정사실화된 현실 자체를 비판하는 데 익숙해
진 탓입니다. 이젠 어느 정도의 연륜도 되었기에 과거를 돌아보며 필
연과 우연이 교차한 시간을 회상하는 일이 훨씬 의미가 있어 보입니
다. 행여 그 속에서조차 보편적 역사성을 찾아야 한다면, 팔자소관도
역사적 법칙으로 설명해야 할 것입니다.

　철학적 상상력을 개념으로 배운 학자들이 할 수 있는 재미난 놀이
중의 하나가 목적론적 세계관입니다. 목적론은 대중을 교화하고 가
르치려 할 때 효율적인 교육적 수단을 제공해 주기도 합니다. 모든
현상에는 그럴 만한 이유와 목적이 있기에 그것을 찾는 일에 집중해
야 한다는 논리입니다. 너무 사태를 부정적으로만 본 걸까요? 종종
악의 없는 중립적 언어가 악의 화신이 될 수도 있음을 경고하고 있을
뿐입니다. 다시 우리의 주제로 돌아가 봅시다.

　논리적인 측면에서만 보면, 아리스토텔레스의 사유는 완벽합니

다. 인간의 최종 목적은 무엇일까요? 아리스토텔레스의 대답은 '행복'입니다. "사람은 누구나 행복해지기를 원한다"는 상식이 대세인 시대를 살고 있는 우리에게 아리스토텔레스의 명제는 당연해 보입니다. 하지만 아리스토텔레스는 사회적 권력을 탐하고 물질적 풍요에 목을 매면서 겉으로는 그런 척하지 않는 전형적인 속물이 아닙니다. 그가 말하는 행복에는 조건이 붙어 있지 않습니다.

대부분의 목적에는 그것을 달성하기 위해 수단으로 기능하는 하위 목적이 있습니다. 고등학생이 열심히 공부하는 이유는 원하는 대학에 들어가기 위해서이며, 대학을 진학하려는 목적은 당연히 남보다 나은 직업적 전망을 꿈꾸기 때문입니다. 그런데 자연처럼 그 자체가 목적인 궁극적 목적도 있습니다. 인간의 행복도 궁극적 목적 중의 하나라고 아리스토텔레스는 말합니다. 이 사태를 이해하기 위해서 우리는 다시 익숙한 상식에서 빠져나올 수 있어야 합니다. 재차 강조하지만 '거리 두기'는 철학적 상상력의 핵심입니다.

우리의 감각은 행복의 열쇠를 다양한 경험이나 즐거운 상태에서 찾는 경향이 있습니다. 예컨대 소비를 통해 삶의 쾌를 찾으려는 경향이 강한 사회에서는 경제적 여유가 절대적입니다. 행복을 위해 가장 필요한 것은 '경제적인 여유'라는 항목이 각종 차트에서 1위를 차지하는 진풍경도 이 맥락에서 보면 자연스러운 것이지요. 당연히 이해할 수 없는 통계는 아닙니다. 그러나 행복을 경제적 여유와 동일시하려는 태도는 사태 파악의 혼동에서 비롯된 것입니다. 경제적 여유나 사회적 권력이 행복에 이르는 통로일 수는 있습니다. 하지만 '행복'처럼 궁극적 목적일 수는 없습니다. 양자를 혼동하게 되면, 성공을 위해 수단과 방법을 가리지 않는 냉혹한 군상을 숭배하고 찬양하는 우愚를 범하게 됩니다.

"강한 자가 살아 남는다."

독일의 극작가 베르톨트 브레히트는 이 당연한 자연의 이치를 보고 슬픔을 느낍니다. 일명 '살아남은 자의 슬픔'이지요. 사실상 역설입니다. 목을 빳빳이 세우고 거들먹거려도 시원찮을 마당에 착잡한 심정을 토로하다니요? 현실성이 떨어져 보이는 것도 이상한 일은 아닙니다. 우리는 브레히트의 복잡한 심사를 어떻게 이해해야 할까요?

강하다고 하여 모두 행복한 것은 아닙니다. 예민한 정신의 소유자일수록 행복의 추구가 불행을 동반한다는 역설을 잘 이해합니다. '나의 행복은 곧 남의 불행'이라는 의미가 아닙니다. 살아 있는 모든 것은 그 무엇의 희생을 통해 살아간다는 평범한 테제를 확인하려는 겁니다. 내가 많은 것을 누릴수록 누군가의 희생의 폭도 커지겠지요. 공동의 삶은 일종의 제로섬 게임과도 같습니다. 인구의 1퍼센트가 전 세계 부의 절반을 차지할 정도로 경제적 불평등이 심화되고 있다고 합니다. 상위 1퍼센트에 속하는 일이 모두의 질투를 유발하는 삶을 보장할 수 있기에 우리는 불철주야 선택받은 자가 되기 위해 노력합니다. 이 과정에서 운명의 여신은 누군가에게 특혜를 부여하며, 누군가에게는 심술을 부려 험난한 인생을 예고합니다. 그런데 운명의 여신도 마음대로 행동하는 것은 아니랍니다. 어쩌면 인간사를 방관하면서 마치 자신의 업무인 것처럼 생색이나 내고 있는지도 모릅니다.

『왜 세계의 절반은 굶주리는가?』의 저자 장 지글러에 의하면, 전 세계에서 생산되는 식량은 지구의 전체 인구수를 훌쩍 뛰어넘는 120억 명을 먹여 살릴 만한 양이라고 합니다. 그럼에도 세계 인구의 상당수가 여전히 기아에 시달리고 있는 현상을 우리는 어떻게 설명해야 할까요? 이는 식량문제가 생산량의 문제가 아닌 분배의 문제에 달려 있음을 시사하고 있습니다. 누군가가 누리는 행복의 과잉은 누군가의 불필요한 희생으로부터 비롯된 것입니다. 이 사태를 충분히 이해하지 못하면 인간사 전부가 가학과 자학, 그리고 피학의 무대로 변해 버립니다.

그럼 행복이란 도대체 무엇일까요? 아리스토텔레스의 고민을 논리적 정의가 해결해 줍니다. 아리스토텔레스는 행복을 자족自足이라는 개념을 통해 표현합니다. 행복이란 '스스로 족함을 아는 자의 몫'이라는 의미입니다. 독자 가운데 일부는 이 표현에 딴지를 걸고 싶을지도 모르겠습니다. 자신이 하려는 바를 성취하거나 원하는 것을 얻을 때, 우리가 흔히 만족감을 얻을 수 있기 때문입니다. 하지만 분명한 건 수단을 목적으로 착각해서는 안 된다는 사실입니다. 예컨대 소비를 통해 자신의 존재를 확인하는 시대는 소비 증대를 행복지수의 상승과 직접적으로 연결시킵니다. 소비가 행복과 동일시되는 사회에서 우리는 소비 중독의 위험성을 간과하는 것이지요. 소비가 선사하는 달콤한 쾌락은 소비에 대한 욕망을 지속적으로 키워 놓습니다. 익숙함이 더해질수록 점차 쾌감의 강도가 사라지기 때문입니다. 결국 동일한 양의 쾌락을 얻기 위해 더 많은 소비를 해야 하는 역설에 빠지게 되는 것입니다. 소비를 통해 자신을 옭아매는 중독의 메커니즘은 우리를 소비의 노예로 전락시킵니다.

아리스토텔레스가 행복을 자족의 개념으로 무장시킨 이래로 이러한 딜레마로부터 우리는 구원을 얻습니다. 과욕을 부리지 않고 자신의 처지와 분수에 맞게 살라는 상식적 의미가 아닙니다. 행복이란 가감加減으로 가늠할 수 없는 목적 그 자체이어야 한다는 겁니다. 이를 설명하기 위한 최적의 수단이 이른바 논리적 사고입니다. 행복은 자신으로부터 출발하여 자신으로 돌아가는 순환적 구조를 지니고 있어야 합니다. 달리 말하면, 자신으로 존재하기 위해 다른 어떠한 수단도 필요치 않아야 한다는 말입니다. '행복한 사람'은 오로지 스스로 만족하는 사람에게만 붙일 수 있는 별칭이 된 것입니다. 아리스토텔레스의 행복에 대한 논리적 정의는 형식적으로 옳을 수밖에 없습니다. 그의 정의를 논리적 구조로 풀어 보면 다음과 같습니다.

전제 1: 행복은 인간적 삶의 궁극적 목적이어야만 한다.
전제 2: 궁극적인 목적으로 존재하려면, 스스로 만족하는 순환적 구조를 지니고 있어야 한다.
결 론: 행복한 사람은 자족하는 사람이다.

이는 연역논증 중에서 가언삼단논법에 해당합니다. 앞서 설명하였듯, 이러한 논증의 강점은 어떠한 경우에도 반박의 여지를 허용치 않는다는 사실에 있습니다. 진술의 참과 거짓이 내용의 사실 여부가 아니라 형식에 달려 있기 때문입니다. 논리적 형식만을 추구하였다고 해서 아리스토텔레스의 윤리학이 우리의 현실과 무관한 것은 아닙니다. 절묘할 정도로 아리스토텔레스는 윤리적 삶의 내용적 당위성이 형식적 명증성과 닮아 있다고 본 것이지요. 우리의 일상에서 몇 가지 예를 선택해서 적용해 봅시다.

저자는 수영 마니아입니다. 진정한 마니아는 일상 가운데 '덕심'을 드러내고 '덕력'을 발휘합니다. 눈이 오나 비가 오나 바람이 부나 오늘 하루는 언제나 '새벽 수영'의 징검다리를 건너서 시작되곤 합니다. 그래서인지 가끔 그 이유에 대해 질문을 받곤 하지요. 건강이나 취미 등 다양한 근거를 댈 수 있습니다. 그러나 수영을 하는 이유가 존재하는 한 수영이 행복과 동일시될 수는 없습니다. 행복을 위한 수단은 될 수 있겠지요. 그저 수영이 좋아서 수영장을 찾는 사람이라야 수영이 곧 행복이 되는 법입니다.

생활의 달인도 비슷한 경우입니다. 천재는 노력하는 사람을 이길 수 없고, 노력하는 사람은 즐기는 사람을 이길 수 없다는 우스갯소리가 있습니다. 누구든지 달인이 되려면 자신의 일에 행복을 느끼는 사람이 되어야 할 것입니다. 그가 자신의 삶을 근거로 사회적 대가를 구하는 삶을 살았더라면, 분명 삶이 그대를 속여서 슬퍼하거나 노여워했겠지요. 자본주의 사회는 철저하게 상품성의 여부에 따라 장인의 가치를 평가하기 때문입니다. 어떠한 대가도 구하지 않고 자신의 일을 행할 수 있는 사람이야말로 진정한 달인이 될 수 있으며, 오로지 그 행위로 인해 행복할 수 있는 것입니다.

아리스토텔레스가 힘주어 강조했던 우정도 동일한 맥락에서 이해될 수 있습니다. 진실한 우정이란 조건을 달지 않습니다. 서로에게 존재하는 이유만으로 호의를 베푸는 행위가 곧 우정입니다. 그 행위가 행여 조건부로 이루어진다면, 행복과 우정은 아무런 관련이 없는 별개의 단어가 될 것입니다.

방금 거론했던 예들은 자족을 설명하기에 적당한 예들입니다. 자족이란 자신에게 대가를 바라지 않고 호의를 베푸는 행위를 말합니다. 사회적 거울에 비친 자신을 바라보며 자신에게 거창한 실적을 요구하지 않는다는 말입니다. 성과를 요구하지 않으니 자신에게 실망할 일도, 실패로 인해 불행해질 일도 없겠지요. 있는 그대로의 자신을 받아들일 수 있는 사람은 행복한 사람입니다.

가장 인간적인 논리로 무장하라

반박할 수 없는 논리로 무장한 상상력과 표현은 분명 강점이 있습니다. 웬만한 비판에는 눈 하나 깜짝 안 하고 마이웨이를 외칠 수 있기 때문입니다. 그런데 최대 강점이 종국에는 결정적인 약점이 될 수도 있음을 명심해야 합니다. 우리는 앞서 논리적 형식이 윤리적 자명함에 적용될 수 있음을 보았습니다. 행복한 사람은 자신의 삶에 만족하는 사람이라는 테제에도 근거를 제시해 보았습니다. 하지만 무언가 공허해 보이는 것도 여전히 피할 수 없습니다. 형식만 있고 내용이 없기 때문입니다.

아무리 반박할 수 없는 논리일지라도 내용적으로 독자의 마음을 움직일 수 없다면, 빛 좋은 개살구에 불과합니다. 행복은 자족이라는 개념을 통해 각자 해결해야 할 몫으로 떠넘긴다고 해도, 상상력의 주제는 삶 전체에 걸쳐 무궁무진합니다. 이때 언어를 통한 설득의 무기는 독자의 머리가 아니라 가슴으로 파고들 때 그 진가를 발휘하는 법입니다. 자신의 상상력과 표현을 통해 독자를 유혹해 보고 싶다면, 당연히 우리는 논리가 아니라 공감에 호소해야 할 것입니다. 다음을 읽어 봅시다.

사건의 본질을 가장 깊게 파고들고 분석해 대중에게 알려야 할 미디어에서 이러한 일이 벌어지는 이유는 무엇일까? 이에 대해 나는 공정하게 대중에게 진실을 전달하겠다는 사명감을 가지고 활약하는 언론의 이미지부터가 모두 환상이라고 말하고 싶다. 미디어는 어떤 소재가 보다 대중들에게 잘 팔리는지, 자신들을 지지해 줄 이익집단의 만족도를 얼마나 많이 이끌어 낼 수 있는지 너무도 잘 알고 있고 그 대가로 따라오는 광고수익과 명성을 위해 뉴스를 생산하고 연출하는 자본주의 시장의 수많은 상품들 중 하나이자 쇼 비즈니스일 뿐이라는 것이다. 미디어 또한 진실을 대중에게 전달하고 알 권리를 보장하는 언론으로서의 존재가치보다 시청률과 조회 수로 대표되는 대중의 관심과 흥미로 소비되는 것이 목적이 된 것이다. 대중은 이스라엘과 팔레스타인, 서구 기독교 세력과 이슬람 세력의 기나긴 대립의 역사나 국제정세 속에 얽힌 수많은 이해관계 같은 복잡한 사건의 본질보다 쉽고 단순하게 사악한 적과 정의로운 아군으로 이등분된 이미지를 통해 만들어진 신화를 선호하는 경향이 있다. 지구 각지에서 벌어지는 끝이 보이지 않는 치열한 분쟁과 그로 인해 야기된 희생과 비극을 지속적으로 접하게 되면서 겪는 대중의 정신적 피로는 말로 표현할 수 없을 것이다. 이로 인해 방송과 미디어를 외면하거나 지금 누리는 편안한 소비생활에 죄의식을 갖는 대중이 생기지 않도록 불편한 소재를 '우리 편'이 멋진 할리우드 영화 주인공처럼 단번에 해결해 줄 것이라는 신화를 덧씌우며 대중들의 부담감을 덜고 불편한 현실을 잊게 한 다음, 다시 자본주의 소비생활로 돌아가 영웅적인 '우리 편'의 활약이 계속되길 지지하게 만드는 데 앞장서는 것이다. 이 과정에서 잔인한 현실은 단지 멋진 '우리 편'이 활약하는 배경을 강화하는 부차적인 효과로 전락한다. 이라크 전쟁 당시 CNN을 비롯한 서구 언론들의 미국을 중심으로 한 서구 군대의 활약과 흡사 불꽃놀이처럼 번쩍이는 폭격 장면에 집중한 당시의 보도방식은 비디오 게임의 한 장면과 매우 흡사하다. 현실을 모방한 정교한 그래픽과 이미지로 게이머에게 대리 체험을 하게 하는 비디오 게임의 연출을 현실의 미디어가 그대로 차용하며 전쟁의 비극이나 처참한 현실을 리얼한 눈요깃거리로 만든다. 위와 같은 현상은 규모가 커졌을 뿐 아름답고 청순한 여배우가 요구르트를 마시는 어찌 보면 단순한 CF의 한 장면만을 볼 뿐 그 요구르트 브랜드의 가격, 성분, 칼로리와 같은 요구르트를 구입하는 당사자에게 가장 중요한 본질을 잊는 자본주의 사회의 일반적인 광고 및 소비 형태와 근본적으로 다를 게 없다. 요구르트의 본질 중 달달한 맛 정도는 여배우의 이미지에 걸맞으니 CF에 반영될 수 있을 것이다.

국제적인 대규모 분쟁을 다루는 뉴스미디어에서만 이와 같은 이미지에 치중한 취재현상이 계속되는 건 아니다. 최근 국내에서도 세월호 사건으로 연이은 보도가 계속되는 가운데 절대적 안정과 휴식이 필요한 생존자 학생에게 억지로 인터뷰를 시도하며 무리한 언행을 한 기자가 모두의 비난을 받기도 했다. 생존자들이 입원한 고려대 안산병원에서는 기자들의 지나친 스포트라이트로 환자들의 안정에 문제가 생기지 않도록 뒷문으로 극비리에 환자들을 입원시키는 강수를 두었으나 여기에 대해서도 '알 권리 침해'라는 이유로 맹비난하는 기사가 나왔다. 같은 사건을 다루면서도 최대한 자극적이고 강렬한 소재를 보도해 타 언론사보다 높은 관심과 흥행을 얻으려는 미디어 간의 경쟁이 빚어낸 폐해라고 볼 수 있을 것이다. 비극적인 상황을 해결해 줄 영웅의 신화적 이미지를 현실에 씌우는 것은 이번 사건의 특성상 어려우나 해경에 신고조차 하지 않고 승객들에게 대기하라는 방송을

한 다음 몰래 탈출한 세월호의 선장에 대한 비난에 화살을 집중하는 언론의 태도는 이번 사고의 근본적인 문제인 안전 불감증에 대한 지적보다 사고를 방치해 일을 키운 선장과 승무원들에게 모든 잘못의 근원이라는 이미지를 입혀 사건의 모든 책임을 몰아넣은 다음 악의 근원이 태연하게 살아서 활보하고 있다는 점을 강조해 대중의 분노와 슬픔을 자극하려는 행태로 보인다. 물론 선장과 승무원들에게 정상 참작할 여지가 있다거나 면죄부를 줘야 한다는 입장은 절대 아니나 사고를 키운 선장과 승무원들을 경쟁적으로 인터뷰하고 일거수일투족을 보도하는 데 집중하느라 사건의 근본 원인과 구조 과정 중에 생긴 각종 문제점과 혼란 등 정말 지적해야 할 사실을 지적하는 데에는 소홀한 감이 있는 것은 사실이다.

이미지로 속고 속이는 현대 미디어 사회의 문제점을 지적한 글입니다. 사실과 진실만을 보도하는 것이 미디어의 본질이라고 우리는 흔히 알고 있습니다. 그런데 사실과 진실이라는 단어만큼 애매한 개념도 없습니다. 우리 대부분은 보고 싶은 것만 보고 듣고 싶은 것만 들으려는 확증편향confirmation bias적 성향을 지니고 있습니다. 더욱이 모든 사회적 현상은 그것을 관찰하는 개인의 주관적 가치와 분리되어 관찰될 수는 없습니다.

윗글은 사회적 현상을 관찰하고 보도하는 데 어떠한 편협한 가치가 개입되었는지를 폭로하고 있습니다. 이스라엘과 팔레스타인의 갈등은 서구 기독교 문화와 아랍의 이슬람 문화의 문명충돌적 관점에서 보는 것이 합리적입니다. 그럼에도 우리의 눈에 비친 갈등의 양상은 선과 악, 민주주의와 테러라는 다분히 이념적 색채가 덧입혀진 형태로 보이곤 하지요. 최근 다시 재조명되고 있는 세월호 사건에 대한 보도행태도 마찬가지입니다. 사회의 구조적 모순을 지적하기에 앞서 대중의 일시적 감정에 호소하며 시청률을 끌어올리는 데에만 혈안이 되어 있는 것입니다.

현대 미디어가 눈에 보이는 이미지에 목을 매고 각종 이념에 오염된 이유는 현대 사회가 이윤 추구를 행위의 궁극적 원리로 삼고 있기 때문입니다. 화장품의 성능을 과학적으로 증명하는 것보다 동안 미모를 자랑하는 여배우의 얼굴을 클로즈업하는 일이 광고와 소비증진에 더욱 효과적일 것입니다. 매체가 시청률에 목을 매는 이유는 글자 그대로 시청률에 목줄이 걸려 있기 때문이겠지요. 사회적 현상을 일정한 국가나 민족 혹은 계층에 유리하게 해석하는 이유도 마찬가지입니다.

인간적 에세이를 쓰라는 요구는 독자의 감성을 움직여 공감을 얻어 내라는 말이지만, 얄팍한 속임수를 쓰라는 의미가 아닙니다. 이미지의 시대가 진실을 가리고 의도된 목적을 관철시키기 위해 '가위의 법칙'을 활용하는 반면, 인간적 에세이는 말 그대로 인간적 삶을 더욱 넓혀 줄 수 있는 글이어야만 합니다. 다음은 밀의 『자유론』의 일부입니다.

비록 한 사람을 제외한 전 인류가 동일한 의견을 갖고 있고 오직 한 사람만이 반대 의견을 가진다고 하더라도, 그 한 사람이 권력을 가지고 있어서 전 인류를 침묵시키는 것이 부당한 것과 마찬가지로, 인류가 그 한 사람을 침묵시키는 것도 부당하다. 만일 그 의견이 당사자 이외에는 아무런 가치를 가지지 못하는 개인적인 것이라면, 즉 만일 그 의견을 향유하는 것을 방해하는 것이 단순히 개인적 해악에 불과한 것이라면, 그 해악이 몇몇 사람에만 미치느냐 혹은 많은 사람에게 가해지느냐에 따라서 약간의 차이가 있을 것이다. 그러나 의견 발표를 침묵게 하는 데에서 발생하는 해악의 특수성은 현세대와 차세대를 포함한 전 인류의 행복을 강탈한다는 사실과, 의견을 제시하는 사람들보다는 의견에 반대하는 사람들의 손실이 더 크다는 사실이다. 만일 그 의견이 옳다면, 인류는 오류를 진리와 교환할 기회를 상실하게 되고, 만일 그것이 틀리다면, 진리가 오류와 충돌하면서 발생하게 되는 진리에 대한 더욱 명백한 인식과 더욱 선명한 인상을 상실하게 되는 엄청난 혜택의 손실을 입게 된다.

— 존 스튜어트 밀, 『자유론』

위의 단락은 인간적 자유의 중요성을 강조한 『자유론』의 정수에 해당하는 부분입니다. 이 글은 처음부터 끝까지 개인의 자유를 향한 인간적 논리로 무장하고 있습니다. 개인적 자유는 진리를 발견하는 데 있어서 필수불가결한 요소이며 인류의 정신적 행복의 기초라는 것입니다. 특히 밀은 소수자의 의견을 억누르는 일은 잘못된 처사임을 거듭 강조합니다. 차별과 배제는 법률적 형벌에 근거를 둔 것이든 아니면 여론에 의해 떠밀린 것이든 부당하다는 것입니다. 설령 한 사람을 제외하고 전 인류가 동일한 입장을 견지한다손 치더라도, 그 한 사람의 의견을 무시하는 행위조차 불가하다는 점에서 밀은 명실공히 개인적 자유의 수호신으로 불릴 만합니다.

겉으로만 보면, 밀의 주장은 다소 과해 보이기도 합니다. 다수결의 원칙이 대중적 의사결정의 주요한 정치적 수단으로 통용되고 있는 사회에서 극소수의 견해를 희생하는 것이 불가피해 보이기 때문입니다. 밀은 오로지 자유만을 외치는 '자유 근본주의자'인 걸까요?

자유에 대한 밀의 극단적 견해가 지니고 있는 인간미를 제대로 평가하려면, 자유에 대한 약간의 부연설명이 필요해 보입니다. 인간의 자유에 대한 논의는 대체로 두 가지 방향으로 전개되고 있습니다. 양자는 상호 대립과 보완의 과정을 거쳐 현대의 정치, 경제, 사회, 문화에 적용되고 있습니다.

첫째, 자유의 가장 상식적 이해는 소극적 자유입니다. 소극적 자유를 단적으로 정의하면, 속박의 결여 혹은 외부의 강요로부터의 독립 등으로 이해할 수 있겠습니다. '무엇으로부터의 자유'라는 형식적 구조를 갖춘 소극적 자유는 다양한 옵션들 가운데에서 자신이 원하는 가능성을 스스로 선택할 수 있는 자유를 의미합니다. 한마디로, 마음대로 하고 싶은 욕구를 담아낸 개념입니다. 조금은 우스운 경우이지만, 무라카미 하루키의 소설 『상실의 시대』(원제: 노르웨이의 숲)에 등장하는 미도리의 사랑법이 소극적 자유를 가장 대중적으로 표현하고 있습니다.

> "그저 내 마음대로 하는 거야. 완벽하게 내 마음대로 하는 것. 가령 지금 내가 자기에게 딸기 쇼트 케이크를 먹고 싶다고 하면 말이야, 그러면 자기는 모든 걸 집어치우고 그걸 사러 달려가는 거야. 그리고 헐레벌떡 돌아와서 '자, 미도리, 딸기 쇼트 케이크야' 하고 내밀겠지. 그러면 나는 '흥, 이런 건 이젠 먹고 싶지 않아' 그러면서 그걸 창문으로 휙 내던지는 거야. 내가 바라는 건 그런 거란 말이야."
>
> — 무라카미 하루키, 『상실의 시대』

이런 말도 안 되는 자유까지도 애교로 받아 줄 수 있는 연인이 있으면 좋겠지만, 이런 식으로는 사랑이 얼마 가지 못할 것 같습니다. 소극적 자유도 마찬가지입니다. '완벽하게 마음대로 하는 것'에 약간의 제한이 필요합니다. 나의 자유가 연인의 자유를 제한할 수도, 연인의 의지에 의해 제한받을 수도 있는 자유입니다. 소극적 의미에서 개인의 자유는 자신과 동일한 타인의 자유와 충돌하는 지점에서 한계를 경험합니다. 자유에는 늘 책임이 따른다는 의미에서 자유와 책임은 동전의 양면과 같습니다.

정치적인 관점에서 보면, 소극적 자유는 국가기관으로부터 개인의 사생활을 보호하려는 개별적 권리를 근거로 삼고 있습니다. 어느 누구도, 설령 그것이 국가와 민족이라 하더라도, 개인적 삶의 실현을 막을 수는 없다는 논리이지요. 이렇게 무지막지하게 강력한 자유에 왜 '소극적'이라는 수식어가 붙어 있는 걸까요? 그 이유는 개인의 자유가 일종의 방어벽 역할을 하고 있기 때문입니다. 외적 강요나 억압에 대한 자기방어라고나 할까요?

소극적 자유는 사회 공동체를 유지하기 위해서도 중요한 의미를 띠고 있습니다. 사회질서를 유지하기 위해 취해지는 공공의 합법성이란 시민의 동의에 기반을 두고 있으며, 이러한 시민의 자유가 정치적 합법성을 가능케 하는 조건인 것입니다. 이동의 자유, 표현의 자유, 예술·학문·출판의 자유가 전형적으로 소극적 자유에 해당합니다. 소극적 자유가 최대한 보장되는 사회에서 개인은 심리적으로 자유롭다는 체험을 극대화할 수 있게 됩니다.

"만인에 대한 만인의 투쟁"으로 인간 사회를 전격적으로 고발한 근대 철학자 토마스 홉스에게도 자유는 외적 행위의 자유로 통합니다. 행동할 수 있는 경우의 수와 자유의 크기가 비례하기 때문에 소극적 자유는 정량화도 가능합니다. 정량화라는 개념이 마음에 걸린다면, 이한 감독이 메가폰을 잡은 영화 〈완득이〉(2011)를 떠올려 보면 됩니다.

"가출을 위한 완벽한 조건이다. 가난, 장애인 아버지 그리고 고2, 게다가 필리핀 어머니까지."

주인공 완득이가 자신의 처지를 비관하며 가출을 감행하는 도중 내뱉은 독백입니다. 우리는 가난에 찌든 청소년의 모습에서, 정상적이지 않은 가정환경을 견디다 못해 가출을 결심하는 치기 어린 모습에서, 오케이를 연발하며 소소함에 목을 매는 사회를 비웃는 완득이의 고2병에서 소극적 자유의 실례들을 경험합니다. 소극적 자유는 일상의 삶에서 구체적으로 실현될 수 있어야 합니다.

소극적 자유는 개인적 차원을 넘어 집단적 의지로 분출되기도 합니다. 가깝게는 민주주의의 경계선을 무너트린 정치적 아마추어리즘을 비판하며 모아 모아 들어 올린 촛불민심이 그렇고, 멀게는 권위주의 자체를 거부한 저항운동의 대명사 프랑스의 68운동이 대표적입니다. 대체로 시민혁명은 정치와 경제, 도덕관습을 넘어 기득권 문화에 도전장을 내밀며 개인의 자유를 억압하는 모든 종류의 사회적 권위에 도전하는 경향을 보이기 마련입니다.

"당첨금 탕진 자살, 돈 쓴 아내 구타, 로또 행운이 비극으로 …"

백만분의 일의 경쟁을 뚫고 복권에 당첨되었지만 패가망신으로 종지부를 찍어 운명의 역전을 거듭한 사람들에 대한 기사입니다. 위기를 기회로 삼는 역전의 명수와는 다르게 도박의 명수들은 대박에서 쪽박으로 역행하는 경우가 대부분입니다. 누구나 할 수 있는 일이 돈을 쓰는 일이라지만, 이 역시 기술art이 필요함을 보여 주는 사례라 하겠습니다. 여기서 우리는 인간적 행위는 소극적 자유만으로 충분하지 않음을 실감하게 됩니다.

소극적 자유가 모든 형태의 자유를 다 설명할 수는 없답니다. 외부의 억압에서 벗어나 자연스러운 자유를 만끽하기까지는 자신에게 무엇이 필요한지에 대한 자각도 필요합니다. 그렇지 않을 경우 자유의 행사가 오히려 스스로에게 해가 될 수도 있습니다. 소비 사회가 이끄는 대로 살 수 있는 권리는 자유의 영역입니다. 그러나 마약, 카페인, 알코올에 의존하는 삶을 자유롭다고 말할 수는 없겠지요. 우리에겐 내적인 삶을 보듬을 수 있는 보다 현명한 선택이 필요합니다. 또 다른 자유의 영역이 필요한 이유이기도 합니다.

열역학 제2법칙이라는 것이 있습니다. 모든 물질은 자연 상태에서 무질서가 증가하는 방향으로 변화한다고 하여 '엔트로피의 법칙'이라고도 불립니다. 삼라만상森羅萬象이 내가 원하는 대로 흘러갈 수 있다면 좋겠지만 자연의 순리라는 것이 원래 무심하고 무정하여 풀무처럼 소소한 것에 연연해하지 않습니다. 지속적으로 나의 의지가 현실과 어긋나면 생각을 달리해야 합니다. 경우를 따져 승산이 없을 경우 고집을 피워서는 안 된다는 말입니다. 자연으로부터 오는 이러한 '감당할 수 없음'을 인간 이성의 합리성이 인위적 인식을 통해 조작하거나 변형시킬 수는 없습니다. 자연과 소통하며 살아가는 인간의 모습이 적합해 보이는 이유가 여기에 있습니다. 그럼에도 소통을 위한 인간만의 중심은 필요하겠지요. 자연과의 관계 맺음에서 오는 불안을 최소화하기 위해 시스템을 만들고 인식의 테두리에 존재의 좌표를 새기며 나름 만물의 이치를 탐구하려는 노력은 인간적 자유에게 또 다른 이름을 부여하도록 만들어 줍니다.

또 다른 자유의 이름이 이른바 적극적 자유입니다. 적극적 자유에 대한 가장 가까운 설명은 앞서 여러 차례 언급한 칸트로부터 유래합니다. 칸트의 철학은 작은 물방울이 모여 큰 바다로 풍요해지다가 저 또한 지류가 되어 흩어지는 것처럼 철학사의 상수常數입니다. 칸트는 적극적 자유를 '자율성'이라고 단언합니다. 소극적 자유가 외적인 형태의 자유라면, 적극적 자유는 내면적으로부터 형성된 자유입니다. 칸트는 적극적 자유를, 자신의 주인으로 산다는 것이 무엇인지에 대한 답변으로 준비합니다.

어떤 사람이 자기의 주인이 될 수 있는 자격을 얻는 것일까요? 사람들은 누구나 자신만의 정체성을 가지고 있다고 자신합니다. 그러나 다양한 가능성 속에서 결단하고 자신을 용서하며 타인에게 약속할 수 있는 사람은 많지 않습니다. 그만큼 자기분열과 자학의 시대를 살고 있는 것입니다. 하늘을 우러러 한 점 부끄럽지 않은 삶을 살라는 의미가 아닙니다. 수단이 아니라 목적 자체로서 자신을 바라보는 객관적 자아성찰의 가능성을 말하는 것입니다. 다양한 가능성에서 스스로 자신을 선택하는 능력을 갖춘 사람을 칸트는 '독립된 자율적 주체'라고 명명합니다. 자신이 직접 관여한 규율에 스스로 자신의 행위를 귀속하는 강인한 내면의 소유자가 장애물을 이겨 내고 진정한 자유를 얻을 수 있다고 덧붙입니다.

헌법에 보장된 기본권인 양심의 자유가 적극적 자유를 설명할 수 있는 전형적인 예입니다. 전통적으로 양심이란 신의 목소리를 들을 수 있는 이성의 장소나 시비를 가리는 윤리적 표준으로 알려져 있습니다. 그러나 넓은 의미에서 보면, 양심의 자유란 일종의 신념의 자유입니다. 지금으로부터 500년 전 종교개혁을 부르짖었던 선각자는 자신을 왕따시킨 상황에 굴하지 않고 기득권을 자신의 지지자로 흡수하기 위해 신념이 농축된 양심의 내면을 보여 줍니다.

> "존경하는 황제 폐하, 그리고 여러 영주님들이 가장 단순하고 직접적인 나의 답변을 원하시기 때문이 지체 없이 대답하고자 합니다. 성경의 증언이나 구절, 논증만을 가지고 나를 설득하십시오. 왜냐하면 황제나 주교회의 권위는 종종 오류를 범할 수 있으며 성경이나 이성에 반할 수 있기 때문입니다. 나의 양심이 하나님의 말씀에 묶여 있을 때, 오직 그때만 나는 나의 주장을 철회할 것입니다. 왜냐하면 양심에 반해 어떤 것을 행하는 것은 현명하지 않기 때문입니다. 나는 여기에 서 있으며, 그것은 달라질 수 없습니다. 하나님이여, 나를 도우소서! 아멘."

소극적 자유가 행위의 가능성을 방해하는 외적 상황에 저항하는 것이라면, 적극적 자유는 주어진 다양한 가능성들을 오직 하나만의 현실을 위해 과감히 포기함으로써 나의 정체성을 확인하는 양심의 자유입니다. 종종 자신의 굳건한 신념과 세계관을 대변하면서 등장하기에 적극적 자유는 불의와 싸우는 싸움닭의 모습을 띠기도 하지요.

적극적이라는 표현에는 단순한 소극적 방어에서 벗어나 앞으로 나아간다는 인격적 의미가 내포되어 있습니다. 자유를 실현하기 위해 적극적 행위가 필요한 이유는 외부의 억압에서 벗어나 진정한 자유를 얻기까지 개인 스스로 자신을 이해할 필요가 있기 때문입니다. 자아실현의 전前 단계와도 같습니다. 우리는 담배나 술과 같은 기호 식품을 자유롭게 즐길 수 있습니다. 엔트로피의 법칙은 마음먹은 대로 흘러가려는 인간의 욕망을 부추깁니다. 하지만 무엇이든 지나치면 좋지 않습니다. "물이 지나치게 맑으면 사는 고기가 없고, 사람이 지나치게 비판적이면 사귀는 벗이 없다"는 맹자의 말은 충분히 일리가 있습니다. 빛도 강하면 그림자가 짙어지는 법이지요. 남용은 우리를 중독의 노예로 만들 뿐입니다. 소극적 자유에 숨어 있는 함정이 이렇습니다. 자신에게 무엇이 이로운지에 대한 진지한 성찰이 부재할 때, 자유는 자신의 이름값을 잃어버리게 됩니다. 자유가 이카로스의 날개처럼 추락의 상징이어서는 안 되겠지요. 이러한 맥락이 적극적 자유에게 존재의 근거를 제공합니다. 사회적 규범이나 제도, 윤리적 규칙, 사회적 신념 등이 전형적인 적극적 자유에 속합니다.

소극적 자유와 적극적 자유 중에서 어느 것이 더 바람직한지를 묻는 것은 어리석은 일입니다. 우리에게는 두 종류의 자유가 다 필요합니다. 전자는 개인적 삶의 실현을 위해, 후자는 사회질서와 사회적 정체성을 갖추기 위해 요청되는 것입니다.

다시 밀의 인용문으로 돌아갑니다. 밀이 전개한 자유론은 이 둘 중에서 어디에 속하는 것일까요? 밀이 소극적 자유를 옹호하고 있다는 사실에는 대체로 이견이 없습니다. 그에게는 소극적 자유가 더 인간적으로 보였던 모양입니다. 적극적 자유는 집단적 신념이 사회적 규범을 통해 굳어져 있기에 종종 법적 규범의 형태를 띠고 있습니다. 적극적 자유가 외적 측면에서 강제력을 띠고 있는 이유가 여기에 있습니다. 법과 제도를 통해 효력을 발휘하는 대중의 신념은 소수의 의견을 무시하는 부작용을 낳습니다. 문제는 이러한 부작용이 대중의 독재로 이어질 때입니다. 국가와 민족의 가치에 대한 과도한 강조는 개인의 희생으로 귀결되곤 하였습니다. 다수에 대한 소수의 반대 의견은 마녀사냥의 좋은 먹잇감이 되곤 했지요. 개인의 독특한 삶의 체험이나 소소한 즐거움이 사회적 이해관계에 반한다는 이유로 탄압된 경우는 어제오늘 일이 아닙니다. 적극적 자유는 정치적 이념으로 악용될 소지가 다분한 것입니다.

밀의 자유론은 적극적 자유가 지닌 오용 가능성을 미리 경고한 선견지명을 지니고 있습니다. 개인의 자유가 인간적이기 위해서는 나와 다른 가치관과 공존하거나 충돌을 완화할 수 있는 완충지대가 필요하다는 것입니다. 어느 가치관을 선택할지는 전적으로 개인의 몫이라는 것이 밀의 신념입니다. 앞서 우리가 인용한 글은 이러한 소극적 자유가 어떻게 정당화될 수 있는지를 두 가지 근거를 통해 설명하고 있습니다. 첫째, 밀은 다수의 오류 가능성을 언급합니다. 다수자의 견해라고 해서 항상 옳은 것은 아니지요. 이미 경험했던 다양한 역사적 사례들이 이를 방증하고 있습니다. 아마도 가장 유명한 예가 독일의 나치즘일 것입니다. 히틀러! 전대미문의 이 독재자는 쿠데타를 통해 권력을 장악한 인물이 아닙니다. 적법한 선거 절차에 따라 대중의 압도적 지지를 통해 권력의 최고 반열에 오른 것입니다. 어떻게 다수의 독일인들은 히틀러의 정치선동에 그렇게 쉽게 복종관계로 이어질 수 있었던 것일까요? 사회심리적 분석이 우리의 주제는 아니기에 여기서는 이 정도로 넘어갑니다.

오늘날 우리 중 어느 누구도 독재자의 대중적 집권과정을 역사적으로 옳다고 보지 않습니다. 다수가 틀린 전형적인 경우라고 간주하는 것입니다. 다수가 정도에서 벗어날 경우는 결국 돌이킬 수 없는 치명상을 사회에 안겨 주기 마련입니다. 히틀러의 무모함과 폭력성을 경고했던 당시 소수자의 목소리는 무차별적으로 억압되었지요. 소극적 자유에 대한 밀의 옹호는 이러한 맥락에서 읽어야 합니다. 소수자의 의견이 무시될 때, 다수는 진리를 경험할 기회를 원천적으로 박탈당할 수 있는 것입니다.

두 번째 경우의 수는 일반적으로 그렇듯이 다수의 견해가 옳을 때입니다. 이 문제는 단순하지가 않습니다. 오류를 범하였음에도 소수의 의견을 존중해야만 할 이유가 무엇일까요? 밀의 상식을 뛰어넘는 논증은 이 경우에도 위력을 발휘합니다. 밀은 소수자의 그릇된 의견을 버리지 않고 품어 주는 행위가 다수에게도 득이 된다고 주장합니다. 그 이유는 소수자의 의견이 정말 틀린 경우라면, 진리와 반드시 충돌을 빚을 것이기 때문입니다. 오류와 진리의 충돌을 경험하면서 다수는 소수에게 관대함을 베푼 노고 이상의 교훈을 얻게 됩니다. 즉 진리에 대한 확신을 부상副賞으로 얻게 되는 것이지요.

나무가 아닌 숲을 보라

철학적 상상력과 표현은 타인의 글을 분석하고 논평하는 데 활용될 수 있습니다. 그런데 분석과 논평은 문자에만 국한된 것이 아닙니다. 우리는 사회현상과 문화현상을 다양한 관점에서 분석할 수 있도록 비판적으로 고찰할 수 있습니다. 이때에 자신의 가치관이나 세계관이 더욱 극명하게 드러나게 됩니다. 그래서인지 학문적 글쓰기에서 가장 빈번하게 사용하는 문구가 "비교 분석하라"와 "비판적으로 논평하라"입니다. 이번 장에서는 비판이라는 개념에 초점을 맞춰 철학적 상상력의 유형을 설명해 보겠습니다.

우선 비판에 대한 정의부터 시작해 봅시다. 무조건 잘못된 것을 지적하는 것을 비판이라고 생각한다면, 우리는 지금 비판과 비난을 구별하는 법에서부터 다시 시작해야 합니다. 지난 19대 주요 대선

후보들이 TV 토론회와 선거 유세에서 한 발언을 종합해 보면, 우리는 비판과 비난을 구별하는 데 유독 약점을 보이는 유전적 밈을 지니고 있는 듯합니다. 비판을 비난으로, 비난을 비판으로 이해한 역사가 태생적 한계로 남아 있는 것은 아닌지 의구심이 드는 겁니다. 이렇게 말하고 나니 깊은 열등의식과 낮은 자존감의 컬래버레이션이 떠오릅니다.

우리에겐 조금은 학문적 엄격성이 필요한 시점입니다. 비판의 의미도 정확히 모르고 비판을 하는 어리석음을 범하지 않기 위해서입니다. 상상과 표현에서 가장 빈번히 사용되는 개념이 비판인데, "잘못된 점을 지적하여 부정적으로 말한다"는 사전적 의미만으로는 학문적 의도를 충족할 수가 없습니다. 문제는 비판에 대한 정의가 그리 쉽지 않다는 사실에 있습니다. 혹자는 비판과 비난의 차이를 팩트의 유무로 설정할 수도 있겠지만, 사실 무엇을 팩트로 볼 것인지에서 논란은 증폭됩니다. 서양 철학사에서도 워낙 중요한 개념이다 보니 비판이 사용되는 스펙트럼은 상당히 넓습니다. 여기서는 전형적인 세 가지 경우만 지적해 보겠습니다.

일차적으로 비판이라는 개념은 계몽의 정신에서 유래합니다. 인간의 의식이나 유전적 무의식은 상당 부분 전통에 얽매여 있습니다. 고정관념이 무조건 나쁜 것은 아닙니다. 어쩌면 사회적 삶을 위해서 당연한 것입니다. 사회질서를 안정적으로 유지하기 위해서는 행위에 일정한 규범이 필요하기 때문입니다. 그런데 이러한 의식적 프레임이 신화로 굳어져 절대시되면, 이를 벗어나려는 의식과 행위에 몽

니를 부리게 됩니다. 텃세가 날이 갈수록 심해지면, 어느덧 우리는 이를 폭력이라고 쓰고 읽게 됩니다. 이때부터 우리는 열린 사회가 아닌 폐쇄적이고 고립된 사회에 시대착오를 덤으로 얻게 됩니다.

이에 맞서 대대적으로 반기를 들고 인간 이성의 자유로움과 책임을 강조한 정신이 바로 계몽주의입니다. 계몽의 시대에는 사태를 분석하는 데 다채로움을 발휘합니다. 출항에 앞서 바다의 신에게 제를 올리고 안전한 항해를 비는 것은 자연스러운 행위입니다. 빈번한 화산활동으로부터 재앙을 당하지 않기 위해 수호신을 달래는 제례적 행위도 문제 될 리 없습니다. 자연의 거대함 앞에서 인간의 한계를 느끼고 초월적 힘에 구원을 청하는 실존적 행위를 비난하는 것은 너무도 몰인정하기 때문입니다. 하지만 인간은 이 정도 선에서 멈춰야 했습니다. 정결한 처녀를 돈 몇 푼에 사서 바다에 산 채로 수장시키거나, 분화구에 소녀를 내려놓고 도망치는 어른의 비겁한 행동은 정당화될 수 없습니다. 아이는 어른의 등을 보고 배우는 법입니다. 아이들은 유독 어른들의 못된 행위를 쉽게 모방하는 경향이 있기에 희생제물이 유전자 밈으로 남게 된 것이지요. 믿음, 소망, 사랑은 인간적으로 일리가 있지만, 이를 독단, 욕망, 삐뚤어진 염원으로 해석해 온 것은 아닌지 돌아볼 일입니다. 양자를 구별하지 못하면, 비인격적 처사에 눈과 귀를 막고 동조하는 전근대적 사고에서 벗어나지 못하게 됩니다. 사회적 현상을 꼼꼼히 따져 불합리함을 지적하는 행위가 바로 비판인 셈이지요.

오늘날에는 미디어를 통한 간접적 경험이 오감을 통한 직접적 경험보다 훨씬 많은 양을 차지한다. 그런데 미디어는 확실한 신뢰도를 보장할 수 없으며 현실과의 차이가 존재하는지의 여부를 개인은 확인하기가 매우 어렵다. 월터 리프만Walter Lippmann은 이를 토대로 『여론』(1922)에서 처음으로 실제 세계의 사건과 그에 대한 우리의 인식이나 신념 사이에는 어떠한 관계도 없을 수 있다는 주장을 하였다. 대표적인 예로 1918년 11월 1차 세계대전 종전 오보를 들고 있다. 11월 초 일제히 언론은 1차 세계대전 종전을 발표했지만, 실제로는 이 보도 후에도 며칠간 전쟁은 지속되어 수천 명의 군인들이 추가로 전사하였다. 1차 세계대전은 1918년 11월 11일 종전되었다.

우리나라에도 비슷한 사례가 있다. 대한민국 광복 후 이뤄진 1945년 12월 16일 모스크바 3상회의에 대한 동아일보의 왜곡 보도가 바로 그것이다. 사례로만 따지면 1차 세계대전 종전 오보보다 훨씬 심각한 수준이며 대한민국의 역사가 송두리째 바뀐 사건이다. 학생들은 역사 교과서를 통해 모스크바 3상회의에서 소련은 신탁통치 찬성, 미국은 신탁통치 반대를 했다고 알고 있을 것이다. 사진에서 동아일보는 "소련은 신탁통치 주장, 소련의 구실은 38선 분할점령. 미국은 즉시 독립 주장"이라고 적고 있는데 실상은 완전히 반대였다. 미국은 동아일보가 보도하는 '직접적 신탁통치안'을 주장했고, 소련은 '신탁통치안'이었지만 임시정부를 절충점으로 해 조선인의 주장을 포괄할 수 있는 '간접적 신탁통치안'을 주장했다. 물론 감안해야 하는 점은, 소련의 신탁통치안이 조선을 위한 제안은 아닐 수 있다는 점이다. 당시 독립된 조선에는 사회주의자의 비율이 높았고 조선인의 발언권을 높인다면 자신들에게 유리할 것이라는 계산이 깔려 있을 수 있다는 분석도 있다. 다만 그것을 떠나서 동아일보의 보도는 회의 결과와 의도를 완전히 왜곡시킨 보도였으며, 이 보도는 대한민국에 국론 분열이라는 엄청난 결과를 초래하게 된다. 심지어 나라의 방향을 이끌던 각 진영 지식인들조차 이 보도에 우왕좌왕하는 모습을 보이기도 했다. 이는 이 회의를 직접 본 사람이 거의 없다는 물리적 한계가 빚어낸 비극적인 오보였다. 만약 좀 더 많은 사람들이 이 사실을 알았다면 사태는 이렇게 심각해지지 않았을 것이다.

위의 글은 우리가 지니고 있는 가치관이나 신념이 매체를 통해 어떻게 왜곡될 수 있는지를 비판적으로 고찰한 글입니다. 언론매체의 악의적 편집이 여론에 어떻게 부정적 영향을 미쳤는지를 부각하고 있기도 합니다. 비판적 정신은 겨울의 서릿발처럼 사실관계를 파악하려는 예리한 눈매를 전제로 합니다. 그다음에는 사태의 맥락을 파악하기 위해 노력해야 합니다. 정보가 아무리 신뢰할 만한 원천에서 나왔다 할지라도, 그것이 절대적일 수 없음을 전제해야 한다는 말입니다.

둘째로 비판정신은 한계를 대하는 우리의 자세에서 나옵니다. 이 부분도 계몽의 연장선에서 파악될 수 있습니다. 비판정신은 단순히 잘잘못을 따져 미성숙의 상태에서 벗어나는 것에 그치지 않습니다. 비판이란 옳고 그름을 따지는 것 이상을 내포해야만 합니다. 그 이상의 내용을 가르쳐 준 인물이 앞서 언급한 칸트입니다. 계몽주의를 정점에 올려놓은 철학자답게 칸트는 인간의 이성을 자유와 책임의 최고봉에서 사용할 것을 권합니다. 물론 어디까지나 이성의 힘은 비판의 정신에 있음을 강조합니다. 여기서 말하는 비판이란 무엇일까요? 비판이란 일정한 현상이나 이론의 한계를 파악하는 작업입니다. 어디까지가 옳고 그르며, 어디에서부터 적용될 수 있는지를 따지는 일종의 경계선 확인 작업이 되겠습니다. 다음 글을 읽어 봅시다.

1925년 봄 미국 테네시주는 사상 처음으로 '반진화론 법안'을 통과시켰다. 공립학교에서 다윈의 진화론을 가르치지 못하게 막는 법이었다. 곧이어 그해 여름 테네시주 과학교사 존 스콥스는 법정에 섰다. 테네시주의 법을 어기고 진화론을 가르쳤다는 이유에서다. 듣지도 보지도 못한 '진화론 교육 재판'이 열리자 세간의 이목이 집중됐다. 기독교 근본주의와 과학 분야가 자존심을 걸고 공방을 벌이는 양상으로 확대됐다. 반진화론법을 옹호하는 진영에서는 대통령 후보 출신으로 기독교 원리운동의 선도자인 윌리엄 제닝스 브라이언을 변호인으로 내세웠다. 이에 맞서 스콥스 진영에서는 미국 최고의 형사소송변호사로 꼽혔던 클래런스 대로가 나섰다.

양측은 굳은 신념을 갖고 열성적으로 변호에 임했다. 브라이언에게는 평생을 지켜 온 신앙심이 있었고, 대로에게는 개인의 자유를 지키고자 하는 열망이 컸다. 양측은 평생 쌓아 온 역량과 이론을 모두 동원했다. 진화론과 관련한 재판이었다는 점에서 흔히 '원숭이 재판'이라고 불렸다. 이 재판 이후 미국 국민은 진화론자와 창조론자로 갈렸다고 할 정도로 의미 있는 법적 공방이었다.

우리는 흔히 비판의 목적이 사태의 옳고 그름을 따지는 것이라고 생각합니다. 비판의 목적이 이성의 냉철한 사용에 있는 것은 확실해 보입니다. 그러나 비판을 수행하고 있다고 하여 사태의 시비가 일목요연하게 가려지는 것은 아니랍니다. 대체로 자연과 더불어 살아가는 인간을 보여 주는 삶의 현상이나 그와 관련된 이론은 대부분 전적으로 옳거나 전적으로 틀릴 수 없습니다. 앞선 지문에 등장하는 창조론과 진화론이 전형적인 경우가 될 수 있습니다. 신의 존재 유무는 이성으로 판단할 수 있는 주제가 아닙니다. 이유는 단순합니다. 신의 존재는 눈에 보이지 않기 때문입니다. 조금 어려운 교양어로 표현하자면, 인식의 그물에 포획될 수 없습니다. 누군가가 신이 존재한다는 백 가지 근거를 제시한다면, 우리가 모르는 것을 배우는 셈이니 다행한 일입니다. 반대로 신이 존재하지 않는 천 가지 이유도 역시 등장할 수 있습니다. 결국 누가 더 강력하고 센 설득의 무기를 가지고 있느냐에 따라 언어적 논쟁은 종지부를 찍겠지요. 어느 것이 옳은지는 전적으로 개인의 신념에 달려 있습니다. 개인의 신념과 믿음을 두고 옳고 그름의 잣대를 들이댈 수는 없는 노릇입니다.

그렇다면 여기서 이성의 비판은 대체 무슨 역할을 할 수 있는 것일까요? 이 질문에 대한 정확한 답변을 듣기 위해 우리는 거의 1,000쪽에 달하는 칸트의 『순수이성비판』을 독해해 내야만 합니다. 원전의 이해가 어려우니 그보다 더 많은 쪽수의 주석서도 참고해야 할 것입니다. 칸트는 이럴 때를 대비하여 전체적 조망을 가능케 하는 개념을 준비해 두었습니다. '경계 짓기'가 그것입니다. 비판은 어떠한 이론을 두고 어디까지가 믿음이고 어디까지가 사실관계의 파악이 가능한 현상인지를 구별할 수 있는 변별적 행위입니다. 경계 짓기는 사태의 맥락을 파악하는 데에 반드시 필요한 과정입니다. 어느 부분까지 옳으며 어느 부분까지 틀린 것인지를 확인할 수 있다면, 자신의 주장이 절대적이라고 주장할 이유도, 타인의 세계관을 무조건적으로 맹신할 근거도 사라질 것입니다.

세 번째 형태는 비판적 사고가 낼 수 있는 가장 강력한 목소리입니다. 지금까지 우리는 비판의 목적을 합리성의 구축에 두었습니다. 신화적 해석과 자의적 왜곡을 넘어 인식과 믿음 사이를 구별하면서 인간의 비판적 사고는 합리적 지식을 얻는 데 유력한 수단이 되었던 것입니다. 그런데 비판을 통해 얻어진 인식에도 허점이 없는 것은 아닙니다. 비판 자체가 인간의 가치관과 이해관계에서 완전히 벗어날 수는 없기 때문입니다. 이 점을 지적하며 철학사에 새로운 형태의 비판을 제시한 철학자가 니체를 현대로 다시 부활시킨 미셸 푸코입니다. 다음은 니체의 환생 후기처럼 보이는 『감시와 처벌』의 일부입니다.

그러므로 상이한 것이면서 양립될 수 없지는 않은 두 가지 도식이 있다. 그 도식들은 점차적으로 서로 근접해 간다. 또한 나환자가 일종의 상징적 주민이었던(그리고 걸인이나 방랑자, 광인이나 난폭한 행위자가 실제의 인구를 형성하고 있었던) 그러한 주방 공간의 자리에 규율 중심적인 분할방식의 독특한 권력기술이 적용된 것이 바로 19세기의 특징이다. 나환자를 페스트 환자처럼 다루는 것, 감금의 혼란스러운 공간에 규율의 치밀한 세분화를 투사하는 것, 권력의 분석적 배분방법으로 그 공간을 조직하는 것, 추방된 자들을 개인화하는 것, 다만 그 추방을 명시하기 위하여 개인화의 방식을 사용하는 것 — 이러한 점이야말로 19세기 초부터 규율 중심적인 권력에 의해서 꾸준히 이루어진 것들이다. 예를 들면, 정신병원, 형무소, 감화원, 감시교육시설, 그리고 부분적으로 병원 등 일반적으로 말해서 개인별 통제를 결정하는 모든 기관들은 이중의 방식으로 기능한다. 즉, 이원적인 구분과 특성표시의 방식(광인–광인이 아닌 자, 위험한 자–무해한 자, 정상인–비정상인) 그리고 강제적인 결정과 차별화시키는 배분(당사자는 누구인가, 어디에 있어야 할 것인가, 그의 특징은 무엇인가, 그를 식별하는 방법은 무엇인가, 어떻게 그에게 개인적으로 부단히 감시를 행할 수 있을 것인가 등)의 방식이 그것이다. 한편에서는, 나환자를 페스트 환자 취급하고, 추방된 자들에게 개인별 규율의 책략을 가하는데, 다른 한편에서는 규율 중심적인 통제의 보편성이 누가 나환자인지를 명시하고, 그에 대해서 추방의 이원적 메커니즘이 작용할 수 있도록 하는 것이다. 각 개인을 대상으로 끊임없이 행해지는 정상, 비정상의 구분은 오늘날까지 계속되어, 우리는 이원적인 특성표시와 나환자들의 추방을 전혀 다른 대상들에 적용시킨다. 그리고 비정상인들을 측정하고, 통제하고, 교정하기 위한 모든 기술과 제도의 존속은 과거에 페스트의 공포가 야기했던 규율의 제반 장치를 그대로 가동시키는 근거가 된다. 오늘날에도 여전히, 낙인찍기 위해서건 아니면 교정하기 위해서건, 비정상인을 둘러싸고 행해지는 권력의 모든 메커니즘은 그러한 기술과 제도의 근원이 되는 두 가지 형태를 조합하고 있다.

— 푸코, 『감시와 처벌』

니체의 후예답게 푸코의 『감시와 처벌』은 철학적 상상력에 입문하려는 모든 이들을 뼛속까지 괴롭히는 글쓰기 중의 하나입니다. 철학 입문 강좌에서 툭하면 사용되기 때문에 누구나 들어 봤을 이름과 저서이지만, 글귀들이 울려 퍼질 때마다 내면으로 따라 부르기에는 정말 난해한 서적인 것입니다. 독해를 어렵게 하는 중심부에 권력이라는 개념이 드러누워 있습니다.

푸코는 이 저서를 통해 권력의 문제를 탐구합니다. 비판과 권력에 어떠한 연관이 있는 것일까요? 푸코는 비판적 행위의 이면에 숨어 은근히 자신의 이해를 관철시키는 권력의 민낯을 폭로합니다. 권력이 어떻게 삶의 구석구석에 개입하여 자신의 의지를 관철시키는지를 분석하고 있는 것입니다. 감시와 처벌은 이때 사용되는 권력의 주요 수단입니다. 푸코가 말하는 권력은 우리가 흔히 떠올리는 직접적이고 물리적인 근대적 의미의 국가권력하고는 분명히 다릅니다. 푸코가 바라본 현대의 권력은 인간관계 속에서 세련된 형태로 자신을 관철시키는 '보이지 않는 손'입니다. 우리의 현실에서 구체적인 예를 찾아봅시다.

지역감정은 한국정치의 선진화를 가로막는 커다란 걸림돌로 인식되고 있습니다. 사실 지역적 애착이 그 자체로 문제 될 리는 없습니다. 'ordo amoris'(사랑의 질서)라는 말이 있습니다. 사랑에도 우선순위가 있는 법이지요. 관계 맺음에서 가치판단의 순위도 사랑의 질서에서 비롯된 것입니다. 같은 값이면 다홍치마라는 말이 있듯이 동향인에게 특별히 더 많은 애정을 보이는 일은 자연스러운 현상입니다. "팔이 안으로 굽는다"는 속담이 반드시 불의의 아이콘일 필요는 없습니다.

하지만 무엇이든 도가 지나치면 화를 부르는 법이지요. 지역적 편애에 발목이 잡히면, 정책은 실종되고 합리적 선택도 불가능해집니다. 그 책임은 과연 누가 져야만 하는 걸까요? 그 피해는 고스란히 국민에게 돌아갑니다. 이것은 약간의 이성적 판단만으로도 누구나 알수 있는 사실입니다.

곰곰이 생각해 보니 말을 잘못한 것 같습니다. 우리의 현실이 정확하게 반증 사례가 되겠네요. 선거철만 되면 어김없이 지역감정에 기대어 표를 호소하는 정치인이 있습니다. 더 어처구니없는 현실은 이 구태의연한 선거 전략이 여전히 우리 사회에 먹혀들고 있다는 사실입니다. 도대체 이유가 뭘까요? 왜 대중은 마법에 걸린 듯 지역감정에 충실한 좀비가 되려는 것일까요?

계몽의 시대 이전이라면 모를까, 지역감정의 최대수혜자인 정치인이 대중의 정서를 직접적으로 조작하는 일은 사실상 불가능합니다. 손바닥도 마주쳐야 소리가 나듯, 정치인은 그저 대중의 자연적 정서에 불을 댕길 뿐입니다. 그리고 어떠한 인위적 책동도 일어나지 않은 듯, 나머지는 저절로 이루어집니다. 플라톤의 표현처럼, 대중은 '익숙한' 의식의 틀에 지배되는 우매한 존재에 불과한 걸까요?

우리는 조금 다른 각도에서 이 문제를 바라봐야 합니다. '학습된 무력감'이라는 심리학적 현상이 있습니다. 좌절과 실패를 반복해서 경험하다 보면 비슷한 환경에서 자연스러운 무기력 상태에 빠질 수 있다는 분석입니다. 권력도 이와 같은 맥락으로 작동합니다. 권력의 속성에 노출되는 횟수가 늘어 갈수록 대중은 스스로 권력의 이해관계를 내면화하기 때문입니다. 정치권력에 맛을 들인 정치인일수록 대중의 이러한 속성을 십분 활용하려고 하지요. 이 때문에 선거철만 되면 동일한 과정과 결과가 반복되는 것입니다. 현대 권력이 무서운 이유는 물리적 폭력성에 있는 것이 아니라, 권력이 개인의 의식 속에 내면화되어 그의 행위를 통제한다는 데에 있습니다. 푸코는 이러한 현대적 의미의 권력 형태를 미시적 권력이라고 부릅니다.

미시적 권력이 행사되는 범위는 우리 삶의 모든 영역에 걸쳐 있습니다. 여기에서 푸코가 말하는 비판의 본래 목적이 등장합니다. 비판이란 합리적 인식이 형성되는 과정에서 개입된 권력의 이해관계를 밝히는 것입니다. 그다음에 그 근원을 쫓아 계보학적으로 분석하는 일입니다. 권력의 주체가 대중의 속된 이기심을 부추겨서 만들어 낸 문화권력의 아바타를 분해하는 것도 비판의 중요한 임무입니다.

푸코의 견해에 따르면, 완전히 합리적이고 객관적인 지식이란 존재하지 않을지도 모릅니다. 어떠한 지식이 어떠한 경로를 통해 형성되었는지 그 흔적을 추적한다면, 마지막에는 권력의 추악한 민낯만

이 남게 됩니다. 마치 어떠한 상품이 누구에 의해 생산되어 어떠한 유통과정을 거쳐 최종소비자에게 전달되는지를 밝히는 과정과도 같습니다. 푸코는 이러한 연구방식을 계보학적 방법론이라고 부릅니다. 비판이란 철저하게 개념의 계보를 따져 물어야 한다는 것이지요.

비판과 계보학적 연구방법의 결합은 기존의 학문방식에 핵폭탄급 충격을 안겨 줍니다. 전통적으로 학문은 객관적이고 합리적인 지식을 추구하여 결국에는 진리에 이르는 것을 목적으로 삼고 있습니다. 그러나 우리가 지니고 있는 판단과 인식이 일정한 권력을 이해기반으로 하고 있다면, 우리는 어떠한 지식도 절대적인 것으로 간주할 근거를 잃어버리게 됩니다. 상황과 맥락에 따른 취사선택이 있을 뿐, 옳고 그름의 절대적 기준이란 있을 수 없는 것입니다.

푸코의 계보학적 비판은 사실 계몽의 종착역이라고 볼 수 있습니다. 계몽의 정신이 신화를 넘어 진리를 추구했다면, 푸코의 계보학은 계몽의 정신에 껌딱지처럼 달라붙어 남다른 케미를 끌고 있는 권력의 흔적을 폭로했기 때문입니다. 근대의 계몽이 진리의 이름으로 이념을 선언했다면, 푸코는 그 이념의 이면에서 힘을 행사하는 권력을 비판하고 있는 것입니다.

푸코의 권력에 대한 담론은 지식인에게 요구되는 삶의 태도에도 영향을 미칩니다. 오늘날 교양 있는 지식인은 어떠한 삶을 태도를 지녀야 하는 걸까요? 얼핏 지식인의 사명은 사태의 옳고 그름을 구별하는 데 있는 것처럼 보입니다. 하지만 시비의 남발은 오히려 역효과를 낼 가능성이 농후합니다. 성급하게 만들어진 참과 거짓은 차라리 없느니만 못합니다. 합리적 지식이 권력의 꼭두각시가 되어 종종 사회적 폭력으로 변질되기 때문입니다. 역사 속에서 자행되었던 전체주의적 이념이 대부분 합리적 인식의 외피를 입고 있었다는 사실은 주목할 만합니다. 지식인의 비판이 인간적인 얼굴을 보이기 위해서는 단순히 나무가 아닌 숲 전체를 볼 수 있어야 합니다. 지식인의 사명은 현상과 지식의 이면에 숨어 자신의 이해관계를 관철시키는 권력으로부터 벗어나려는 노력에 있다고 할 수 있습니다.

분란을 불러일으켜라

우리는 앞서 비판의 언어가 누군가의 잘못된 점을 지적하는 것으로 끝나지 않는다는 사실을 강조하였습니다. 비판의 또 다른 기능은 누군가의 가치관이나 사회적 현상의 경계를 확인하는 것입니다. 사회적 현상이나 인식의 경계를 확인할 수 있는 사람은 그로부터 거리두기를 유지할 수 있는 정신의 힘을 소유하게 됩니다.

마지막으로 비판의 강력한 힘은 권력의 음흉함을 폭로하면서 완성됩니다. 비판적 사고는 단순히 옳고 그름을 구별하는 차원을 넘어서 상대적인 것과 절대적인 것을 구별하는 정신의 힘을 증명하는 것입니다. 나무가 아닌 숲을 볼 수 있을 때, 우리는 나에게 이로운 것이 반드시 옳은 것이 아닐 수도 있음을 인식하게 됩니다. 이때부터 우리는 인간의 시비판단이라는 것이 그리 대단한 것이 아닐 수 있음을 고백하게 될 것입니다.

이 관점에서 보면, 비판적 언어는 우리의 일상에 상당한 충격을 안겨 주기도 합니다. 비판의 정신은 잔잔한 호수에 던져진 돌멩이처럼 크고 작은 동심원을 그리며 상상 깊숙이 번져 나갑니다. 더 나아가 비판적 언어는 비수와 분란의 언어가 될 수도 있습니다. 당연히 분란의 언어가 상상력과 표현의 한 형태가 되어 독자의 시선을 사로잡는 것이 이상한 일은 아닐 것입니다.

과학 철학자 토머스 쿤의 '패러다임' 이론을 예로 들어 봅시다. 근대 이후 오늘에 이르기까지 과학의 진보는 문명의 진화만큼이나 당연시되고 있습니다. 과학적 지식은 합리적으로 발전하는 것이기에 객관적으로 증명 가능하다는 주장은 거부할 수 없는 유혹입니다. 일상에서 보면, 과학의 위력은 인문학적 지식과는 비교할 바가 아닙니다. 과학적 지식은 대체로 옳다는 암묵적 약속을 서로 공유하고 있는 탓입니다.

그런데 이러한 상식을 뒤집어엎은 비상한 인물이 바로 쿤입니다. 젊디젊은 무명의 학자를 일약 유명인의 반열에 올려놓은 『과학혁명의 구조』에서 쿤은 과학적 지식이 합리적으로 상호 보완하면서 진리에 가까워진다는 전통적 입장에 과감히 반기를 듭니다. 과학적 이론도 한 시대를 풍미하는 이론적 틀이나 개념의 집합체처럼 역사적으로 조건 지어진 상대적 가치구조 속에서 파악해야 한다는 것입니다. 천동설에서 지동설로 이어지는 세계관의 변화, 뉴턴의 절대적 시공간에 대한 개념에서 아인슈타인의 상대성 이론에 이르기까지 과학의 발전사에서 중요한 퍼즐이 되었던 이론들은 사실 상호 간에 아무런 공통분모를 지니고 있지 않기에 비교할 수 없다는 것입니다. 비교를 통해 우열을 가릴 수 없다면, 당연히 이론의 변화과정을 발전이나 진보라고 부를 수 있는 근거도 상실해 버리겠지요.

과학의 누적관은 지식이란 사고에 의해 원래의 지각 자료에 직접 건조된 하나의 구성이라고 보는 인식론의 정설과 밀접한 관계가 있음을 발견하게 된다. … 그러나 그러한 이상적 상이 대단히 그럴 법함에도 불구하고 그것이 과연 과학의 상일 수가 있는가를 의심할 필요가 있다. 패러다임 이전 단계를 지나면 모든 새 이론과 거의 모든 신종 현상은 사실상 이전의 패러다임을 파괴하여 흡수하였으며, 그 결과 과학사상에 있어 대립하는 학파 간에 투쟁이 일어났다. 예기치 않던 새로운 것을 누적적으로 획득하는 것은 과학의 발달법칙에는 거의 존재하지 않는 예외임이 판명된다. 역사적 사실을 진지하게 받아들이는 사람이라면 누구나 과학은 그 누적성에 관한 우리의 상상이 제시하는 이 상태로가 아니라는 점을 알아야 한다.

— 토머스 쿤, 『과학혁명의 구조』

과학이 누적적으로 진보한다는 생각은 거의 상식에 해당합니다.

과학사에 깊은 족적을 남긴 뉴턴은 과학의 누적적 성격을 거인과 난쟁이에 비유한 바 있습니다. 거인의 어깨 위에 올라선 난쟁이가 거인보다 더 멀리 볼 수 있다는 것이지요. 여기서 거인은 과학의 역사이며 그 역사라는 지붕 위에 돌을 올린 이가 바로 난쟁이입니다. 위의 지문을 통해 쿤은 새로운 과학이론이 대부분 기존 이론 위에서 구축된 것이 아니라 투쟁과 흡수를 통해 형성된 것임을 밝히고 있습니다.

쿤은 과학의 발전을 서로 우열을 나눌 수 없는 패러다임, 즉 사고방식의 우연한 전환에 불과하다고 주장하고 있는 것입니다. 쿤의 패러다임 이론은 실증 과학이 지배적인 현대 사회에 커다란 분란을 일으켰습니다. 과학의 진보를 통해 이뤄 낸 현대 문명에 도전이 되었기 때문이지요. 당연히 쿤의 주장이 모두 맞을 수는 없습니다. 그러나 쿤의 비판적 언어는 적어도 과학의 발전에 전환점을 만들어 줍니다. 우리가 확실하다고 믿는 과학적 지식이 정말 근거가 있는 지식인지를 다시 한번 고민하게 했기 때문입니다. 다른 예를 들어 봅시다.

다른 복잡한 문제를 일으키는 인간과 동물 간의 차이점들이 있다. 정상적인 성인이 가지고 있는 정신능력은 어떤 환경에서는 같은 환경에 있는 동물보다도 더 많은 고통을 가져올 것이다. 예를 들어서, 만일 우리가 극도로 고통스럽거나 치명적인 과학

적 실험을 공원에서 무작위로 납치되어 온 정상인 성인에게 수
행한다면, 공원에 가는 성인들은 납치될지도 모른다는 두려움을
가질 것이다. 이렇게 나타나게 되는 공포는 실험의 고통에 더하
여지는 그러한 종류의 고통이 될 것이다. 똑같은 실험이 동물에
게 수행된다면 고통을 덜 일으킬 것이다. 왜냐하면 동물은 납치
되고 실험대상이 될지도 모른다는 예기적인 두려움을 가지지 않
을 것이기 때문이다. 물론 이는 동물에게 실험을 하는 것이 옳다
는 것을 의미하는 것이 아니라, 만약 실험이 행하여져야만 한다
면, 정상적인 성인보다는 동물을 이용해야 하면서도 종족주의가
되지는 않을 이유가 있다는 것을 의미할 뿐이다. 그러나 바로 이
와 같은 논증이 정상적인 성인보다는 모자라는 사람들이나 어린
이들, 아마도 고아들을 실험에 사용할 이유를 제시해 준다는 점
을 주목해야 한다. 왜냐하면 어린이나 모자라는 사람들은 그들
에게 어떤 일이 일어나고 있는지를 모를 수 있기 때문이다. 이
같은 논의에 관한 한 동물이나, 어린이나, 모자라는 사람들은 같
은 범주에 속한다. 그래서 동물에 대한 실험을 정당화하는 데 있
어 이 같은 논증을 사용한다면, 우리는 어린이나 모자라는 어른
에게도 역시 실험을 허용할 것인지를 스스로에게 묻지 않으면
안 된다. 만약 우리가 동물과 이러한 사람들을 구분하고자 한다
면, 도덕적으로 옹호할 수 없는 우리 종족에 대한 선호 외에 그

어떤 것을 기준으로 삼을 수 있겠는가?

— 피터 싱어, 『실천윤리학』

피터 싱어가 쓴 『실천윤리학』의 일부입니다. 인권이 여전히 세간의 주목을 받고 있었던 시절 인간과 동물의 질적 차별성에 의문을 제기한 『실천윤리학』을 통해 30대 초반의 나이에 일약 학계에 악명을 날렸던 피터 싱어는 인간 존엄성마저도 철저하게 동물을 학대하는 권력으로 활용되었다고 비판합니다. 경력의 첫걸음을 명성이 아니라 비난과 낙인으로 시작한 싱어이지만 오늘날 그의 글은 동물권리와 채식주의 운동의 바이블로 통하고 있습니다. 인생역전이 로또와 재테크에만 있는 건 아닌가 봅니다. 모든 삶에는 거꾸로 뒤집어진 거울 뒷면과 같은 세상이 있는 것 같습니다.

짧은 지문이지만 동물해방을 주장하는 엄격한 채식주의자의 메시지로는 손색이 없습니다. 싱어는 인간의 이해관계를 통해서만 자연의 가치를 정하는 현대 문명의 사고방식을 인간 중심적 사고라고 비판합니다. 내용이 무엇이든 '중심주의'라는 수식어가 붙으면 대체로 좋지 않습니다. 싱어가 생각하는 윤리의 기준은 인간의 얼굴이 아닙니다. 윤리적 행위가 보편타당한 기준에 근거를 두어야 한다면, 그 기준은 인간을 넘어 모든 생명체에게 적용될 만큼 확장성을 보여야 하기 때문입니다. 여기서 그는 오랫동안 공리주의의 전통으로 명성을 지닌 고통이라는 개념을 떠올립니다. 고통보다 모든 생명체에게 적용될 만큼 보편적인 것은 없기 때문입니다.

싱어의 비판적 언어는 육식 자체보다는 사치의 육식에 맞춰져 있는 것으로 보입니다. 공장식 축산업이 그 예입니다. 인간의 식탁에 값싼 가격으로 오르기 위해 돼지는 한평생을 자신의 관만큼이나 비좁은 공간에서 살아갑니다. 다른 동물의 형편도 마찬가지입니다. 닭한 마리당 사육 공간이 A4 용지 한 장에도 못 미친다는 것은 공공연한 사실입니다. 토끼의 눈에는 사치를 위한 임상용 화장품이 떨어지고, 쥐의 몸에는 검증되지 않은 치명적 약품이 주사됩니다.

여기까지만 보면, 싱어의 비판적 언어가 독자의 시선을 사로잡을 만큼 사회적 분란을 일으킬 것 같지는 않습니다. 과거와는 달리 지성인이라면 인간 중심적 사고에서 벗어나 자연과 더불어 사는 것을 지혜로운 삶이라고 여길 것이기 때문입니다. 싱어의 진가는 전혀 다른 곳에서 발휘됩니다. 싱어는 동물에 대한 비윤리적 처우를 인간 존엄성에 대한 특권적 사고에서 유래한 것으로 봅니다. 이를 달리 표현해보면, 인간 존엄성의 이름으로 각종 특권을 누리고 있는 인간의 이기심에 의문을 제기하고 있는 것입니다. 싱어가 인간 존엄성 자체를 부정하는 것으로 보이지는 않습니다. 그가 의문시하는 바는 동물학대의 원천이 되고 있는 인간 존엄성의 실체입니다. 싱어는 인간의 얼굴에 무소불위의 특권을 부여하는 전통적 인간관에 반기를 듭니다. 백인 우월주의나 민족 우월주의가 그렇듯, 인간 존엄성도 근거 없는 종족적 편견에 불과하다는 것입니다.

물론 인간 존엄성에 전적으로 근거가 없지는 않을 것입니다. 전통적으로 이성적 판단이나 자유의지, 자기의식 등과 같은 고도의 사유 능력이 인간에게 특별한 지위를 보장해 주었습니다. 싱어도 인간의 인식능력과 산술능력, 이를 근거로 인간에게만 허락된 삶의 권리를 부인하지 않습니다. 하지만 위의 지문은 홍익인간의 이념에도 충분히 반론이 가능하다는 사실을 보여 주고 있습니다. 비록 미약하나마 동물에게도 이성적 판단과 자기의식 등이 충분히 관찰될 수 있음에도 우리는 동물에게 어떠한 형태의 존엄성도 허락하지 않습니다. 반면 이성적 판단이 전적으로 불가능한 정신지체 장애인이나 반사회적 범죄자에게는 인권의 이름으로 부여하는 특혜가 다수입니다. 이러한 불평등을 어떻게 합리적으로 정당화할 수 있을까요?

싱어의 논점은 공정한 대우에 있습니다. 달리 말하면, 호모 사피엔스가 스스로를 충분히 윤리적이라고 말할 수 있기 위해서는 우리의 판단이나 행동의 영향을 받는 모든 생명체의 이익을 평등하게 고려하면서 행동해야 한다는 것입니다. 싱어는 이를 '이익평등고려의 원칙'이라고 부릅니다. 이익평등고려의 원칙은, 우리가 윤리적 사고를 할 때 우리의 행위에 의해 영향을 받는 모든 사람들이 유사한 이익들을 똑같이 중시해야 한다는 논리를 견지하고 있습니다. 만약 어떤 가능한 행위로 말미암아 두 사람이 영향을 받는다면, 그리고 이때 하나가 잃게 될 것이 다른 이가 얻게 될 것보다 더 많은 처지에 있다면 그 행위를 하지 말아야 한다는 논리입니다. 공리주의자답게 싱어는 이익평등고려의 원칙에 따라 우리는 그 이익이 누구의 이익이든지 최대의 이익에 도달할 것이라고 주장합니다.

즉 황금률의 원칙은 인간에게만 적용되는 것이 아니라는 겁니다. 이익평등고려의 원칙에 따르면 이익은 이익일 뿐 그것이 누구의 이익인지는 중요하지 않습니다. 행여 우리가 자신에게 존엄성을 부여하고 싶다면, 동물에게도 그에 해당하는 정당한 권리를 부여해야 한다는 것입니다. 그렇지 않다면, 우리의 존엄성은 생태계 내에서 자행되는 특권층의 갑질에 불과하다는 겁니다. 지금까지의 논의를 종합하여 유추해 보면, 싱어에게 있어서 인간 존엄성이란 결국 신성불가침의 성격을 지닌 절대적 개념이 아닙니다. 존엄성은 사회적 상황에 따라 달리 정의될 수 있는 시대의 부산물에 불과한 것이지요. 원했든 원치 않았든 싱어의 논의는 인권에 대한 인문학적 이해에 상당한 파장을 던지게 됩니다. 동물에게 생존의 권리를 부여하기 위해 윤리적 논의를 시작한 것인데 인간 존엄성의 절대적 성격에 대한 회의로 귀결되어 버린 것입니다.

싱어는 단순히 책상머리만 지키는 학자가 아니라, 자신의 생각과 주장을 실천을 통해 대중들에게 확산시키려는 실천 운동가이기도 합니다. 아니나 다를까 싱어의 주장은 서구 사회에서 커다란 반향을 일으켰습니다. 지금이야 유명인사가 되어 각종 논문에 그의 주장이 벤치마킹되고 있지만, 1979년『실천윤리학』이 처음 출간되었을 때만 해도 서구 지식인 사회의 반감은 상당했던 것으로 알려져 있습니다. 현대법의 근간을 이루고 있는 인간 존엄성의 절대적 가치를 부정하는 이미지가 역력했기 때문입니다. 시국성명처럼 싱어의 테제를 반박하는 논문이 뒤를 이었고, 심지어는 싱어의 윤리를 교과과정에서 소개하지 말자는 연판장이 공공연히 나돌기도 했습니다.

유명해지기 위해 애써 사회적 분란을 일으킬 필요는 없습니다. 철학자는 인기에 영합하여 표를 구걸하는 영악한 정치인이 아닙니다. 그러나 철학자의 분란은 종종 지성사에 긍정적으로 영향을 미치곤 합니다. 싱어의 폭탄선언에 힘입어 현대 사회는 동물의 권리에 대한 윤리적 판단과 인간 존엄성에 대한 철학적 논의를 더욱 활발하게 진행할 수 있는 초석을 얻게 됩니다. 비판적 언어가 분란을 일으켜서 얻어 낸 긍정적 효과라고 할 수 있겠습니다.

친구에게 편지를 쓰듯
글을 써라

누군가의 이론을 분석해서 그 내용을 비판적으로 검토하는 작업은 쉬운 과제가 아닙니다. 따라서 비판적 언어로 이루어진 철학 에세이를 쉬운 글이라고 할 수는 없겠습니다. 내용이 어렵다면, 가급적이면 쉽고 편안한 문체로 독자를 배려하는 것이 친절해 보입니다. 자연스럽고 친숙한 문체로 비판의 언어를 담아낼 수 있다면 더할 나위 없을 것입니다. 예컨대 철학 에세이를 읽으며 누군가의 일기를 훔쳐보는 기분이 든다면 어떨까요? 어떤 이유인지 몰라도 남의 인생을 훔쳐보는 느낌은 색다른 것임은 틀림없습니다. 예를 한번 들어볼까요?

1958. 10. 30.

어떻게 현상학을 가르칠 것인가? 어떻게 그리고 어떤 의미로 현상학은 전달될 수 있는가? 확실히 수많은 접근이 가능하다. 그러나 아마도 보다 자주 사용된 방법은 묘사하도록 해 보는 것이다. 1933년에 내가 『데카르트의 성찰』을 충분한 이해 없이 읽은 다음에 반피에게 도움을 청했을 때, 그는 책의 내용에 관해서는 말하지 않았다. 그 사실이 중요하다. 현상학에서 책은 살아 있으며 입으로 전해지는 의사소통을 위한 수단이다. 씌어진 말은 새로운 담론을 생산하지 못하고 다시 일깨워져서 현존하도록 하지 않으면, 나름의 부정적인 측면을 갖게 된다. …

내가 언급한 것들은 정말 그저 몇 가지에 불과하다. 사실 관계된 것은 내가 현실을 경험하는 방식, 사물에 대한 나의 체험, 사물들이 자신을 나에게 주는 방식, 어떻게 사물이 스스로를 나에게 주는가 하는 것이다. 현상학은 이렇게 줌의 양상들의 학문이며, 어떻게에 관한 학문이다. 현상학은 내가 어떻게 사물과 세계를 구성하는가를 볼 수 있게 한다. 하지만 여기에서 멈추지 않는다. 나는 나의 지각을, 나의 감정을, 나의 몸을, 사물의 불가침성과 물질성을, 살아 있는 신체의 고유성을, 이 신체들의 작업수행들 그리고 이러한 ―문화적이고 사회적인 작업수행을 포함한― 작업수행의 역사가 가지는 고유성을 경험한다.

― 엔조 파치, 『어느 현상학자의 일기』

현상학에 대한 이해를 돕기 위해 쓴 엔조 파치의『어느 현상학자의 일기』에서 발췌한 글입니다. 일기 형식을 취하고 있기에 독자에 대한 배려보다 대부분이 일인칭 주어의 화술을 구사하고 있습니다. 일인칭의 화술은 자신의 주장을 펼치려 할 때나 특정 가치관을 명확하게 전달하려고 할 때, 유력하게 사용할 수 있는 화법입니다. 현상학에 대한 설명이라 다소 전문적인 개념들이 등장하고는 있으나 일체의 선입관을 배제하고 주어지는 방식에 따라 사태를 있는 그대로 기술해야 한다는 점을 핵심으로 하고 있습니다.

이 글이 주는 메시지는 비교적 확실해 보입니다. 철학적 상상력과 표현은 무조건 어렵다는 세간의 평판에서 빨리 벗어나야 합니다. 괜히 지레 겁을 먹고 몸을 사리게 되면, 두려움과 주눅만 남아 우리의 목을 죄게 됩니다. 어쩌면 우리는 철학적 상상력이 어려워야만 한다는 고정관념에 갇혀 있는지도 모릅니다. 일기를 쓰듯 상상력을 발휘하며, 충분히 한 편의 철학 에세이를 만들어 낼 수 있는데도 말입니다. 엔조 파치는 우리가 현실을 경험하는 방식, 반대로 세계가 나에게 주어지는 방식을 어떻게 기술할지에 초점을 맞추고 있습니다. 풍경화를 그리듯 현상학의 학문방식을 설명하고 있는 듯 보이나 실은 인위적 가감을 배제한 채 보이는 사태를 있는 그대로 전달하려는 갈망을 드러내고 있는 것입니다.

흔히 글쓰기에는 일반적인 규칙이 있다는 말을 많이 합니다. 상식적으로 생각해도 틀린 말은 아닙니다. 단적인 예를 들어 보겠습니다. 지금 누군가가 컴퓨터 앞에 앉아 글을 쓰고 있다고 합시다. 자신의 내면을 들여다보며 고유한 언어를 구사하는 것보다, 누군가의 글을 해석하고 비판적으로 재구성하는 작업이 훨씬 용이하기에 그는 이미 여러 번에 걸쳐 본문을 이해하는 과정을 거쳤을 것입니다. 처음에는 글의 전체적인 윤곽을 얻어 내기 위해, 나중에는 중심 테제를 분석하기 위해 반복하여 책장을 넘겼을 것입니다. 내용의 형식과 구조를 정확하게 분석할 수 있어야 그에 대한 자신의 비판적 입장을 전개할 수 있기 때문입니다.

경우에 따라서는 내용의 이해에 핵심이 되는 개념을 설명해야 될 때도 있을 것입니다. 그때에는 권위 있는 사전을 활용하기도 하고, 그 해석을 보충하기 위해 다른 참고문헌을 인용해도 됩니다. 명확하지 않은 문단이나 구절이 있을 경우, 새로운 관점에서 바라보고 있는 전문가의 이해를 첨부하는 것도 좋은 글쓰기의 방식입니다.

이 모든 규칙들은 좋은 에세이를 쓰는 데 유용하게 활용될 수 있습니다. 그러나 어디까지나 활용의 묘에 지나지 않습니다. 누군가의 생각을 비판적으로 분석하고 자신의 생각을 언어로 표현하는 데 정해진 형식이 있을 리 없습니다. 어떤 문제에 정답이 있을 거라는 생각도 빨리 벗어나야 할 주입식 교육에서 유전된 폐해입니다. 글을 잘 쓰기 위한 법칙을 공식처럼 단순화시켜 암기한다고 해서 좋은 글을 쓸 수는 없습니다. 유일한 규칙이 있다면, 아마도 '몸과 마음을 다해' 정도일 겁니다.

어쨌든 상상력과 표현에는 왕도가 없습니다. 레오나르도 다빈치의 〈최후의 만찬〉은 숱한 신비스러운 비밀을 간직한 명작으로 알려져 있습니다. 그런데 그가 아무리 천재 화가였다고 해도 이 작품을 단번에 그려 낸 것은 아니랍니다. 수년에 걸친 습작의 과정을 거치며 탄생한 인생의 역작이지요. 등장인물의 개성을 살리고 세심한 고증 과정을 거쳐 역사적 사실을 한 폭의 그림으로 재현해 낸 것입니다.

상상력과 표현에도 동일한 무원칙의 원칙이 적용됩니다. 자신의 방식으로 많은 습작을 거쳐 본 사람이 자신만의 생각에도 능한 법입니다. 자신의 글쓰기에 익숙해진 사람은 고정된 사고방식에서 벗어나는 데 두려움을 갖지 않게 됩니다. 앞서 소개한 일기 형식의 에세이가 좋은 예입니다. 일기 못지않게 편안한 형태의 글쓰기는 편지입니다. 친구에게 편지를 쓰는 것처럼 우리는 철학 에세이를 쓸 수 있습니다. 이때 우리는 단어 선택에서부터 문장, 심지어는 문법에 이르기까지 비교적 자유롭게 내용을 구성할 수 있게 됩니다. 다음은 한 학생이 저자에게 제출했던 에세이의 일부입니다.

존경하는 선생님!

시간이 흐르면서 과학이 발전하였고, 인류는 무엇이 인간을 육체적으로 행복하게 하는지에 대한 비밀을 풀었습니다. 인간의 뇌는 너무도 정밀해서, 쾌락을 느낄 때 도파민이라는 물질을 분비하여 인간의 신체로 하여금 행복을 느끼게 합니다. 자극적인 쾌락이 몸에 쾌감을 부여하는 것입니다. 참으로 아이러니한 것이, 그 도파민이라는 물질이 분비되는 부분이 바로 우리 신체에 고통을 느끼게 하는 부분과 동일하다는 것입니다. 도파민의 분비와 함께 동량의 고통도 내정되는 것이지요. 인간은 그 고통을 이겨 내기 위하여 또 새로운 자극을 찾아 나설 것입니다. 물론 새로운 고통, 더 큰 고통도 함께요. 결국 인간은 그 쾌감과 고통의 굴레에 사로잡히고 맙니다. 참으로 벗어나기 힘든 굴레입니다. 다행스럽게도, 도파민이 인간이 쾌감을 느낄 수 있는 유일한 부분은 아닙니다. 뇌의 또 다른 부분에서 세로토닌이라는 물질이 분비되면 우리는 평정심과 안정감을 느끼게 됩니다. 안타깝게도 이 세로토닌이라는 물질은 분비되기가 매우 까다로워서 따뜻한 햇살, 편안한 마음 등 일정 삶의 수준에 이르지 못한 사람들에겐 사치스러운 것입니다. 선생님이 말씀하신 보다 큰 능력을 가진 사람들에게 허락된 물질입니다. 높은 것을 선택할 형편이 되지 못하는 사람들은 세로토닌의 분비를 갈망하기에 앞서 도파민과 고통의 굴레에 사로잡히게 됩니다.

저의 사고의 출발점은 이 세로토닌과 도파민의 간극에 있었습니다. 높은 품위를 가진 사람들은 상위의 즐거움을 탐하고, 그것을 당장 이루지 못하더라도 참고 기다립니다. 낮은 품위의 사람들은 상위의 즐거움을 탐하지 못하고, 저급한 즐거움(쾌락)을 선택하여 도파민과 고통의 굴레(=중독)에 빠지게 되곤 합니다. 그렇다면 낮은 품위의 사람들은 항상 저급한 쾌락의 유혹에 노출되어 평생을 살아야 하는 건가요? 높은 품위를 가진 사람들이 낮은 품위로 떨어지는 것은 그 개인의 문제이지만, 낮은 품위의 사람들이 항상 저급한 것을 탐하는 사회구조는 옳지 않은 것입니다. 그래서 사회복지제도라는 것이 생긴 것이겠죠. 선생님은 품위 있는 사람은 자신의 삶을 고집할 수 있는 자라고 하셨습니다. 눈앞에 있는 저급한 쾌락을 참고 상위의 즐거움을 향유하려 노력하고, 고집하는 사람은 과연 품위 있는 사람이라 할 만합니다. 하지만 상위의 즐거움을 탐하기에는 형편이 어려워 저급한 쾌락에 지속적으로 노출된 사람에게는 품위의 유지가 어려울 것입니다. 이것은 낮은 품위의 사람들이 저급한 쾌락의 유혹에 노출되는 것뿐 아니라, 상위의 즐거움을 향한 욕망이, 비록 그것을 지금 향유하지는 못하더라도, 얼마나 큰 효용인지를 인식하지 못하기 때문입니다. 아는 만큼 보인다고 합니다.

윗글은 자신의 고유한 생각을 담아낸 것이라기보다 논평의 일종입니다. 정확히 말하면, 밀의 저서 『공리주의』에 대한 논평에서 발췌한 것입니다. 우리가 체험하는 즐거움의 질을 따져 높고 낮음, 고상함과 천박스러움을 구별했던 철학자의 생각을 조금 과학적으로 분석해 본 것입니다. 현대 뇌과학이 일궈 낸 연구 성과에 빗대어 다시 한번 그 정당함을 증명한 것이지요. 낮은 차원의 쾌락을 뇌 보상 회로에서 분비되는 도파민의 영향을 통해, 고상한 즐거움을 세로토닌의 분비로 인한 뇌신경 화학 상태의 변화로 해석한 부분이 돋보입니다.

사실 우리가 이 글을 통해 얻을 수 있는 새로운 메시지는 거의 전무하다고 볼 수 있습니다. 밀의 주장을 현대 과학적 성과 위에서 정당화하려는 시도라고 해석하면 충분해 보입니다. 이를 제외하면, 이 글은 독서 감상문의 수준을 벗어나고 있지 않습니다. 그러나 내용을 떠나 형식적인 측면만을 고려한다면, 이 글은 정형화된 패턴으로 상상력이 사망하는 변고를 예방할 획기적인 신종 백신이라고 할 수 있습니다. 비판적 언어의 논술이 편지의 형태로도 충분히 가능하다는 사실을 확인하려는 것입니다. 우리에게 익숙한 논술의 형식을 벗어나 마치 골풀 잎이 마른 잎을 뚫고 올라오듯 자신의 생각을 잔잔히 표현해 낼 수 있습니다. 이제 본격적으로 전문가의 글을 한번 접해 봅시다. 쉽지 않은 철학적 내용을 약간의 형식적 틀의 변화로 얼마나 부드럽게 표현해 낼 수 있는지를 보겠습니다.

한편 우리는 자기만족autarkeia을 큰 선으로 생각한다. 하지만 이것은 우리가 항상 적은 것들을 향유하기 위해서가 아니라, 우리가 비록 많은 것들을 가지지 못한다 하더라도 진심으로 다음과 같이 생각하면서 적은 것들에 만족하기 위해서이다: "가장 적은 양을 필요로 하는 사람이 사치에 가장 큰 기쁨을 느낀다." "모든 자연적인 것은 얻기 쉽다. 반면 공허한 것은 얻기 어렵다."

결핍으로 인한 고통이 제거된다면, 단순한 음식도 우리에게 사치스러운 음식과 같은 쾌락을 준다. 또한 빵과 물은 그것을 필요로 하는 사람(배고픈 사람)에게 가장 큰 쾌락을 제공한다. 그러므로 사치스럽지 않고 단순한 음식에 길들여지는 것은 우리에게 완전한 건강을 주며, 우리가 생활하면서 꼭 필요한 것들에 주저하지 않게 해 준다. 그리고 나중에 우리가 사치스러운 것들과 마주쳤을 때 우리를 강하게 만들며, 우리가 행운을 두려워하지 않도록 만들어 준다.

그러므로 우리가 "쾌락이 목적이다"라고 할 때, 이 말은, 우리를 잘 모르거나 우리의 입장에 동의하지 않는 사람들이 생각했던 것처럼, 방탕한 자들의 쾌락이나 육체적인 쾌락을 의미하는 것이 아니다. 내가 말하는 쾌락은 몸의 고통이나 마음의 혼란으로부터의 자유이다. 왜냐하면 삶을 즐겁게 만드는 것은 계속 술을 마시고 흥청거리는 일도 아니고, 욕구를 만족시키는 일도 아니며, 물고기를 마음껏 먹거나 풍성한 식탁을 가지는 것도 아니고, 오히려 모든 선택과 기피의 동기를 발견하고 공허한 추측들

—이것 때문에 마음의 가장 큰 고통이 생겨난다— 을 몰아내면
서, 멀쩡한 정신으로 계산하는 것이기 때문이다.

— 에피쿠로스, 『쾌락』

에피쿠로스의 저서 『쾌락』에 등장하는 '메노이케우스에게 보내는
편지'의 일부입니다. 일부만 떼어서 놓고 보니 편지글처럼 보이지는
않네요. 하지만 원문이 편지였으니 번역도 그에 걸맞은 문체로 구색
을 맞췄더라면 훨씬 자연스러울 뻔했습니다. 아무리 어려운 내용도
어떠한 문체와 용어로 전달하느냐에 따라 풍기는 뉘앙스가 확연히
달라질 수 있습니다. 편지 내용을 이해하기에 앞서 에피쿠로스학파
에 대한 정당한 평가에서부터 출발해 봅시다.

에피쿠로스학파는 서양 철학사를 통틀어 가장 악명 높은 오해와
편견을 달고 다니는 주홍글씨의 흉터입니다. 소크라테스와 플라톤
그리고 아리스토텔레스 이래로 이성이라는 개념이 서양 정신의 주
메뉴였기에 이성만이 아니라 온갖 종류의 감성적 체험이 마구잡이
로 뒤섞여 충돌하는 에피쿠로스의 사유가 마치 지적인 폭동으로 비
춰진 것입니다. 고대판 매카시즘의 희생양이라고밖에 달리 표현할
길이 없네요.

그런데 가만히 보면 내용만 눈에 거슬렸던 것은 아닌 듯합니다.
형식에 있어서도 에피쿠로스의 글은 거의 파격에 가깝습니다. 신성

한 철학적 사유를 친구에게 보내는 사적인 질그릇에 담아내었으니 말입니다. 아무리 당시의 사상가들이 편지로 서로의 고견을 주고받았다고 하나, 고상한 학자들에게 에피쿠로스의 파격변신은 상아 젓가락으로 라면을 먹는 모양새가 아니었을까 조심스럽게 추측해 봅니다.

팩트체크부터 해 보자면, 에피쿠로스가 이성의 고상한 언어를 천박한 감각적 쾌락과 바꿔치기했다는 주장은 악의적 여론몰이입니다. 이성 철학의 우월함을 확보하기 위해 지렛대로 사용하려는 의도가 아니라면, 어떻게 이토록 오랫동안 역사적 낙인이 지속될 수 있었는지 의문입니다. 위에서 인용한 편지의 일부분만을 해석해 보아도 그간의 평가가 지독한 오해의 산물이었음이 확연해집니다. 중심 내용이 편지에 담겨 있다는 사실이 여기에서 커다란 감점 요인이 됩니다. 편지를 쓰면서 해석과 주석, 논평이 필요할 만큼 난해한 문체를 사용하는 사람은 없을 것입니다. 우리의 설명도 그리 복잡하지 않습니다.

인용문에는 빠져 있지만, 편지의 첫 부분에서 에피쿠로스는 철학의 목적이 마음의 건강함을 유지하는 데에 있음을 분명히 합니다. 넓은 관점에서 이러한 주장을 굳이 반박할 필요는 없습니다. 어떠한 방향에서 바라보든, 철학의 목적을 정신의 건강함에 맞춰야 한다는 사실은 분명해 보이기 때문입니다. 이것을 인정한다면, 삶의 목적을 행복에 두었던 아리스토텔레스의 이성적 사상이나 에피쿠로스의 건강한 정신이나 뭐가 다른 것인지 당최 이해가 되질 않습니다. 행복을 이성적 활동의 산물로 보았던 아리스토텔레스는 실천적 지혜인 중용을 매우 강조하였는데 이는 에피쿠로스가 말했던 마음의 건강과 다를 바 없기 때문입니다. 실천적 지혜가 곧 이성적 활동이고, 지혜를 사랑하는 마음이 건강함으로 이어진다는 논리인 것입니다.

차이가 있다면, 아리스토텔레스가 선택한 이성의 목걸이는 기껏해야 수 개에서 수십 개 수준의 지혜의 구슬을 달고 있지만, 에피쿠로스가 걸고 있는 감성의 목걸이는 그 구슬의 수를 헤아릴 수 없다는 데 있습니다. 에피쿠로스가 행복의 문제를 삶의 현상으로 구체화시켰기 때문입니다. 행복은 무엇일까요? 보는 관점에 따라 행복은 다양한 기준을 요구할 수 있을 것입니다. 행복을 상대적 개념이라고 말할 수 있는 근거가 여기에 있습니다. 남과 비교하며 행복을 멀리서만 찾으려고 하면, 그때부터 '헬 게이트'가 열리기 때문에 아리스토텔레스는 일차적으로 행복을 절대적 자족으로 정의하였다고 언급한 바 있습니다. 그럼에도 행복의 체험이 문제라는 데에 있어서 양자는 이견을 보이지 않습니다. 우리가 아무리 행복에 대한 막대한 지식을 가지고 있고 행복해야 한다고 무수히 다짐을 해도 그것이 행복을 가져다주지는 않습니다. 행복을 느끼는 사람은 행복의 조건을 언급할 필요도 없이 그저 행복할 뿐입니다. 삶은 논리적으로 정의하기 이전에 이미 체험된 그 무엇으로 우리 앞에 놓여 있는 것입니다.

말의 형식보다는 내용적으로 이해하는 데 어려움이 있을 것 같습니다. 약간의 부연설명을 해 보겠습니다. 행복은 체험되는 것입니다. 체험은 홀로 독야청청 존재할 수 없습니다. 반드시 '무엇'인가를 체험하는 것이지요. 행여 그것이 어느 봄날의 소소한 일상으로 채워진다 할지라도 '무엇'을 체험하며 우리는 행복하다고 말합니다. 이때 그 무엇과 연결되어 우리를 끌어당기는 자연스러운 내적 동인이 바로 욕망입니다. 따라서 에피쿠로스는 행복을 욕망의 충족이자 쾌 자체라고 정의하게 된 것입니다.

그렇다면 행복은 무엇을 체험하는 것일까요? 이 무엇을 정의하는 일은 불가능해 보입니다. 개인의 취향에 따라 매우 상대적이기 때문입니다. 여기서 에피쿠로스는 매우 중요한 사실을 지적합니다. 무언가에 대한 체험이 행복이 되기 위해서는 고통으로부터 벗어나는 삶의 현상이 선행되어야만 한다는 사실입니다. 매우 소극적인 정의임에는 틀림없지만, 행복을 논할 수 있는 출발점으로는 손색이 없어 보입니다. 일체의 고통으로부터 벗어나려는 이성적 노력이 에피쿠로스에게는 행복을 향한 실천적 첫걸음인 셈입니다.

이제 무엇이 우리의 삶 속에서 고통을 유발하는 것인지 확인해 봅시다. 그런데 막상 고통을 정의하려고 하니 이 또한 만만치 않아 보입니다. 행복의 조건이 개인별로 지극히 상대적이듯, 고통을 안겨 주는 사안도 제각각일 수 있기 때문입니다. 이럴 때는 선례를 살펴보는 것도 좋은 방법 중에 하나입니다. 앞서 우리는 행복을 통으로 정의하는 방식을 들었습니다. 고통도 역시 통째로 정의가 가능합니다. 이때 에피쿠로스가 사용하는 개념이 결핍입니다. 애정 결핍, 영양 결핍, 주의력 결핍, 심지어는 선천성·후천성 면역 결핍에 이르기까지 우리는 어떤 종류의 결핍을 경험하든 간에 그 결핍에 파묻히곤 합니다. 그때마다 발생하는 황당한 허우적거림을 우리는 고통으로 느끼는 것입니다.

에피쿠로스의 혜안이 발휘되는 시점이 바로 이때입니다. 결핍은 욕망의 충족을 경험한 사람이 치러야 할 일종의 대가라고 할 수 있습니다. 일상의 경험으로도 우리는 이 부분을 이해할 수 있습니다. 범상치 않은 쾌락을 경험한 사람일수록 나락으로 떨어지며 우울증을 경험할 확률이 큰 것이지요. 특히 질적으로 낮은 쾌락을 많이 체험한 사람은 그것의 결핍으로부터 오는 고통에도 민감하게 반응하게 됩니다.

후대 사람들은 쾌락의 체험을 행복의 중심부에 위치시켰던 에피쿠로스의 사상이 건전하고 윤리적인 이성 중심적 전통 철학과 대립한다고 보았습니다. 특히 쾌에 부정의 옷을 입힌 이유는 그것이 마치 방탕한 삶을 유도하는 것처럼 보였기 때문입니다. 하지만 지금까지의 논의를 종합해 보면, 이러한 주장이 의도적 낙인에 불과하다는 사실을 쉽게 알 수 있습니다.

윗글에서 에피쿠로스는 자족을 최고의 선으로 간주합니다. 최고의 선과 자족이 행복이라는 명제는 아리스토텔레스에서 유래한 것입니다. 따라서 에피쿠로스의 생각이 전통에서 어긋나 있다는 단순한 주장은 팩트체크의 대상이 됩니다. 플라톤에게 선의 위계질서가 있고, 아리스토텔레스에게는 목적의 위계질서가 있듯 에피쿠로스는 행복의 체험을 가능케 하는 욕망의 위계질서가 있다는 입장을 견지할 뿐입니다. 에피쿠로스의 체험은 방탕한 것이나 육체적 쾌감을 의미하지 않습니다. 오히려 에피쿠로스는 육체적인 쾌락에 빠져들수록 그것의 부재로부터 오는 고통도 비례해서 커진다고 경고합니다. 그래서 에피쿠로스는 행복과 쾌의 관계 맺음을 멀쩡한 정신으로 계산해야 한다고 강조한 것입니다. 마냥 즐거움에 빠져 살다 보면, 더 큰 고통으로 행복을 잃어버릴 수 있음을 경계하고 있는 겁니다.

　우리는 에피쿠로스가 말하는 자기만족이 절제와 소박한 삶에 맞춰져 있음을 알아야 합니다. 행복이 무엇에 대한 체험이자 즐거움임에는 틀림없지만, 체험을 담아내는 그릇의 크기를 줄이고 질을 높일수록 결핍의 가능성도 제거할 수 있는 것입니다. 에피쿠로스는 플라톤이나 아리스토텔레스의 이성 철학을 결코 반박하지 않았습니다. 오히려 전임자들이 중심으로 삼았던 주제를 삶 속으로 받아들여 현실적으로 적용합니다. 아리스토텔레스가 설파한 행복의 원리 중 실천과 목적은 각각 체험과 욕망으로 재탄생합니다. 우리가 에피쿠로스를 정당하게 이해하려고 한다면, 전체적 맥락 속에서 그의 주장을 살펴봐야 하며 에피쿠로스의 중심 주제가 되는 단어들이 우리에게 익숙하게 다가오지 않는다고 해서 선입관을 가져서는 안 됩니다. 에피쿠로스는 행복에 대한 정의를 우리의 구체적인 생활 속에서 찾았을 뿐입니다.

자신의 세계를 명확히 하라

이제 7살이 된 소녀 줄리는 자신의 마을로 이사 온 또래 친구 브라이스의 빛나는 눈빛에 운명적으로 끌립니다. 소녀가 자신의 감정을 솔직히 표현하는 외향적 성격의 소유자인 반면, 여전히 어리기만 한 소년은 수년에 걸쳐 소녀의 적극적 구애를 피해 다니기 급급합니다. 〈플립Flipped〉(2010)이라는 영화의 한 장면입니다. 아이들이 사랑을 통해 엎어지고 뒤집어지며 어른으로 성숙해 가는 모습을 그린 한 편의 수채화 같은 성장기 영화입니다.

영화 속에는 저자를 매료시킨 소녀의 남다른 매력이 등장합니다. 여느 소녀처럼 줄리는 아빠와 대화하는 것을 좋아합니다. 이제 부쩍 커서 브라이스에 대한 자신의 마음을 아빠에게 들키고 맙니다. 집 뒤편에 있는 정원에서 취미 삼아 언덕 위의 풍경을 그리던 아빠가 무심한 척 딸에게 묻습니다.

"너와 브라이스 로스키는 무슨 사이니?"

마음을 들킨 것 같아 갑자기 소녀의 얼굴에 당황한 기색이 스칩니다.

"무슨 말씀이세요? 아무 사이도 아니에요."

"오, 그래 알았다. 내가 실수한 모양이구나."

아빠는 굳이 딸의 답변을 강요하지 않습니다. 그럼에도 겸연쩍은 마음에 소녀는 슬그머니 마음의 한구석을 열어 보입니다.

"갑자기 그건 왜 물어보세요?"

"이유는 없다. 그냥, 네가 항상 그 남자애 이야기를 하잖니?"

아빠는 별일이 아닌 것처럼, 가장 일상적인 방식으로 딸의 마음을 끌어냅니다.

"제가요? 모르겠어요. 아마 그 애 눈에 있는 어떤 것 때문에 그런가 봐요. 아니면 그 애의 미소 때문이든가요."

"그렇구나. 그런데 그 애 전체의 모습은 어떠니?"

"네?"

"항상 전체 풍경을 봐야 한단다."

아빠의 말에 소녀는 호기심 어린 눈초리로 되묻습니다.

"그게 무슨 말씀이세요?"

언덕 너머 풍경을 화폭에 담으며, 아버지는 무심히 말합니다.

"그림은 단지 부분들이 합쳐진 게 아니란다. 소는 그냥 소이고, 초원은 그냥 풀과 꽃이고, 나무들을 가로지르는 태양은 그냥 한 줌의

빛에 불과하지. 그러나 이 모두를 한 번에 같이 모아 놓으면, 갑자기 마법이 벌어진단다."

소녀는 아빠가 무슨 말을 하고 있는지 처음에는 이해할 수 없습니다. 전체는 단순한 부분의 합이 아니라는 말도, 누군가를 볼 때는 항상 전체를 통해 봐야 한다는 말의 의미도 아직 삶의 경험이 일천한 딸에게는 그저 어른 전용 언어 사용법에 불과했던 것입니다. 하지만 애써 잊어버리지 않는다면, 풀리지 않는 매듭이란 존재할 수 없습니다. 어느 날 소녀는 마침내 전체를 이해할 수 있는 사건에 접하게 됩니다. 평소 즐겨 오르곤 했던 무화과 나무 위에서 그녀는 놀라운 광경을 경험하게 됩니다. 나무 위에서 바라본 저편의 풍경은 단순한 나무나 풀, 가축들의 합이 아니었던 것입니다. 노을에 비친 대자연의 아름다움에 취해 마침내 전체가 무엇인지를 깨달았을 때, 소녀는 전체라는 카드를 꺼내 딸에게 조언하려 했던 아빠의 의도를 이해하게 됩니다.

인간이 인간인 이유는 각자 나름의 세계를 구성하며 살아가기 때문입니다. 그 세계가 전체라는 라벨을 달고 있기에 개인 역시 대체 불가능한 개성을 가지고 있는 것입니다. 전체는 전체일 뿐 서로 겹쳐질 수 없습니다. 인간의 세상에는 이러한 전체가 단수가 아니라 복수로 존재한다는 사실이 이해를 어렵게 합니다. 인간이 서로 소통하려는 이유는 이러한 실존적 역설에 바탕을 두고 있습니다. 근본적으로 서로 소통이 불가능한 개별적 세계가 서로 관계 맺음으로 현상하는 방식이 이른바 인정이자 배려입니다.

인정과 배려는 타인에게만 국한되는 것은 아니랍니다. 자기 정체성의 형성에도 관여하는 바가 적지 않습니다. 자신을 인정하지 못하거나, 소통하지 못하는 자신을 용서와 받아들임으로 어루만지지 못할 때, 우리는 지독한 우울증을 겪게 됩니다. 대부분은 자신만의 세계를 가지고 있는 자신만만한 '나'를 진정한 자아로 찾고 싶어 합니다. 반대로 무언가에 얽매어 갈팡질팡했던 '나'를 인정하거나 받아들이는 데는 인색한 편입니다. 이미 삶의 흔적으로 남아 있는 자신과 그러한 자신을 불편하게 바라보는 대상화될 수 없는 자신과의 불협화음이 이 간극 사이에서 발생합니다. 양자 사이의 차이가 멀어지면 멀어질수록 정체성의 혼란과 상실의 가능성도 비례해서 커지게 됩니다. 척박함 속에서도 자아의 동일성을 이어가기 위해 노력하는 과정을 우리는 어려운 존재론적 용어로 '용서'라고 부릅니다. 불만족스러운 내 모습을 수면 위로 드러내어 대화하고 이해하고 소통하려는 노력을 말하는 것입니다.

행복한 섬

… 이제까지 그대들이 세계라고 불러 온 것이 그대들에 의해 비로소 창조되어야 한다. 그대들의 이성과 그대들의 의지와 그대들의 사랑이 세계 그 자체가 되어야 한다! 그것은 진실로 그대

들의 행복을 위해서이다. 그대 인식하는 자들이여! 이러한 희망이 없다면 그대들은 어떻게 삶을 견딜 수 있겠는가, 그대 인식하는 자들이여. 이해할 수 없는 것이나 비이성적인 것 속에 그대들이 안주해서는 결코 안 된다. …

신은 모든 곧은 것을 뒤틀리게 하고, 서 있는 모든 것을 어지럽게 만드는 하나의 이념이다. 뭐냐고? 시간은 지나가 버리며, 따라서 모든 일시적인 것은 거짓에 지나지 않는다고?

이런 생각을 하는 것은 인간의 육체에게는 어지러운 소용돌이이며 위장에게는 구토이다. 진실로 그렇게 가정하는 것을 나는 어지럼증이라고 부른다. 유일한 것, 완전한 것, 확고한 것, 충족된 것, 영원한 것에 대한 이러한 모든 가르침을 나는 악하고 인간 적대적이라고 부른다. 모든 영원한 것 — 그것은 다만 비유일 뿐이다! 시인들은 너무도 많은 거짓말을 한다. …

아, 그대 인간들이여. 나는 돌 속에 잠들어 있는 하나의 상을 본다. 내가 생각하는 상들 중의 하나를! 아, 그것이 그토록 단단하고 못생긴 돌 속에서 잠자야 하다니! 이제 나의 쇠망치는 그 감옥을 부수기 위해 무섭게 날뛴다. 돌에서 파편이 튄다. 그것이 내게 무슨 상관이 있는가!

— 니체, 『차라투스트라는 이렇게 말했다』

니체가 쓴 『차라투스트라는 이렇게 말했다』 중에서 발췌한 글입니다. 이 책은 다른 철학 저서들과는 사뭇 다른 언어로 가득한 책입니다. 서양 철학의 흐름은 고대 그리스 시대부터 현대에 이르기까지 인간의 '이성'을 중심으로 구성되었다고 단적으로 말할 수 있습니다. 그렇기 때문에 이성의 그물망에 포획되지 않는 인간의 '있음'의 방식에 대한 논의와 관심은 상대적으로 빈곤할 수밖에 없습니다. 따라서 현대에는 인간 '이성'에 대한 비판과 회의가 늘어나면서 지금껏 논의의 대상이 될 수 없었던 문제들도 철학적 논쟁의 무대에 오르게 되었습니다. 그중 21세기에 가장 트렌디하면서 격렬한 토론의 장을 열고 있는 주제가 바로 '인간의 자연성'에 대한 논의일 것입니다. '이성'이 더 이상 인간의 방패막이가 될 수 없는 지점에서 삶을 대하는 종래의 방식에 대해 거리 두기를 시작한 것입니다.

이러한 시대적 배경하에 니체의 '거리 두기'를 고찰해야 합니다. 니체의 언어방식은 지금까지 서양의 지성사가 추구해 온 보편적 진리와 가치들로부터 한 걸음 물러서서 우리가 구축하고 있는 삶을 있는 그대로 보려는 태도를 말합니다. 철학·문학·예술의 인위적 경계를 허물고 '있는 그대로의' 삶에 한 발 더 다가서려는 니체의 글은 바로 이러한 이유 때문에 기지개를 펴듯 자만심으로 가득한 것도 사실입니다. 시에 담기고 어우러진 언어들의 강렬한 꿈틀거림과 르상티망ressentiment으로 날 선 느낌이 보는 내내 불편하고 생각을 요동치게 합니다. 원한怨恨, 유한遺恨, 복수심 등으로 의역되는 르상티망의 언어를 기존의 이론적 틀에 입각해서 해석하려 하다 보면 자칫 치명적인 곡해로 이어질 수 있습니다. 보고 싶은 것만 보고, 듣고 싶은 것만 들으려는 '확증편향', 즉 자연적 심리 상태에서 벗어날 수 없다는 의미입니다. 따라서 이 텍스트는 규정된 개념이 아닌 '체험된 언어'로 이해해야 하며 그렇기에 독자의 실존적 해석이 중요합니다.

앞서 우리가 언급했던 행복을 추구하는 과정을 통해 니체는 윤리적 행위를 말합니다. 흔히 니체의 사상에서 반윤리적 인간을 떠올리는 사람이 많습니다. 하지만 니체는 윤리적 행위를 부정했다기보다 객관적으로 선과 악이 존재한다는 신화적 믿음을 거부했을 뿐입니다. 절대적인 선과 악이 실재하고 우리의 주도면밀한 성찰과 반성만으로 고정불변의 진리를 알 수 있다는 전통적 신념에 반기를 든 것이지요. 위 지문에서 니체는 생각의 무게중심을 윤리에서 행복으로 옮겨 놓습니다. 다소 선정적으로 붙여진 소제목 「행복한 섬」에서 니체는 누가 과연 행복할 수 있는지를 묻고 그 답을 '실존적 체험'에서 찾습니다.

인용되지 않은 다른 단락에서 니체는 다음과 같은 말을 합니다. "신은 하나의 가정이다. 그러나 나는 그대들의 가정이 그대들의 창조적 의지를 넘어서지 않기를 바란다." 여기서 신은 일반적 의미의 종교적 신이 아닙니다. 정확히 표현하면, 신은 우리를 둘러싸고 있는 전통의 외피이고, 창조적 의지는 그 사람의 실존적 내부입니다. 이 외피는 체험되지 않은 인식의 세계에서 만들어진 강요된 모든 것을 의미합니다. 시대적 이념에 의해 사유화된 권력과 그에 의해 잠식된 식민지적 정체성도 우리를 가두고 있는 감옥에 불과합니다. 니체가 경계한 것은 이러한 사상적 가정들을 사유 가능한 범위를 넘어 삶의 문제로까지 끌어오려 하는 것이었습니다. 이 외피들로 삶을 가두고 그 안에서 안주하려는 삶의 나약함을 동시에 문제 삼은 것입니다.

인간과는 다른 초월적 신이 존재한다는 가정. 우리를 감싸고 있는 이 오래된 외피는 시대에 따라 그 모습을 달리할 수 있습니다. 우리가 누리고 있는 소비문화를 예로 들어 봅시다. 현대인은 소비를 중심으로 다양한 라이프 스타일을 즐기고 있습니다. 오늘날 반사회적 성향이 이른바 반소비적 성향과 동일한 의미로 사용될 정도로 소비문화는 유기체의 본능처럼 자연스러운 생존 전략으로 굳어지고 있습니다. 따라서 소비적 외피를 벗어던지고 배고프고 힘든, 다시 말해 고통이 가득한 것처럼 보이는 삶을 '행복'하다고 말하는 것이야말로 미치지 않고서야 불가능한 일일지도 모릅니다. 니체가 시대정신에 반하는 자신의 도전을 '의지', '초인', '산모의 진통'이라고 표현한 이유도 그만큼 힘들기 때문일 것입니다.

니체는 삶을 있는 그대로 펼쳐 놓은 상태에서 행복을 바라봅니다. 영원한 것이라고 부르는 것들은, 막상 삶을 있는 그대로 펼쳐 보면 실존적 체험이라기보다 우리의 상상과 가정, 사회적 규범 속에 자리 잡은 불안감의 표출일 뿐입니다. 반면 거짓에 지나지 않는다고 하찮게 폄하된 일시적인 것들이야말로 우리가 삶에서 직접적으로 체험하는 날것들입니다. 행복은 날것과 새로움의 풍요로운 체험에 달려 있으며, 그 체험에 초점을 맞추면 우리의 일상에서 많은 감정들이 교차하는 것을 볼 수 있습니다. 이성은 자연적 삶에서 벌어지는 어지러움과 복잡함을 질서정연함 속에 훌훌 털어 내라고 요구합니다. 이에 대해 니체는 생의 수레바퀴를 '끝까지' 붙잡고 있으라고 조언합니다. 스쳐 지나가는 생의 섬세한 흔적을 끝까지 물고 늘어짐으로써 온전히 자기만의 세계를 구축할 수 있기 때문입니다.

우리가 무심코 놓치고 있었던 소소한 일상이 실은 세상을 움직인 실질적 힘이었다는 사실을 기억해 봅시다. 세잔은 주구장창 '사과'만을 그렸고, 하이데거는 평생에 걸쳐 소소한 '있음의 방식'을 언어로 표현하는 데 매진했습니다. 쇼펜하우어는 생의 '의지'를, 플라톤과 아리스토텔레스는 누구에게나 있을 법한 '슬픔'의 정서에 끝까지 머물렀습니다. 예술가든 시인이든 철학자든 결국 자기에게 다가온 일시적인 것을 놓치지 않고 끝까지 머물러 있음으로써 자기만의 세계를 창조할 수 있었습니다. 니체에게도 행복은 그러한 것, 즉 자신의 세계를 만들고 그 속에서 스스로를 있는 그대로 드러내는 것입니다.

굳이 행복을 절대적인 관점에서 찾아야 할까? 니체에 의하면 진정한 행복이란 '자기 자신만의 세계'를 구축함으로써 이루어질 수 있다. 자신이 의존하고 있는 무언가를 벗어나 자기 자신이 진정으로 원하는 것을 이해하는 것이다. 자신이 바라는 것, 자신이 꿈꾸는 것, 자신이 하고 싶어 하는 것을 아는 것이 진정한 행복, 즉 자족에 다가가는 방법이다. 결국 행복이란 어느 정도 또는 전부 상대적인 요소로 이루어진 것이다. 그러나 '자신만의 세계를 구축'한 사람들은 필연적으로 고통스러울 수밖에 없다. 일반적인 사람들과 다른 방식으로 세상을 보고 다른 방식으로 삶의 의미를 찾기 때문이다. 그러나 그들의 고통이 반드시 불행을 의미하지는 않는다. 오히려 그들의 삶은 고통 속에서 빛을 발하면서 더욱 아름답게 빛난다. 그 예로, 시인 천상병의 삶을 살펴보자. 그의 삶은 '평생 돈벌이 한번 못 해 보고 선후배 문인들에게 뜯은 돈으로 하루 한 병의 막걸리를 마시며 살았던' 아주 비참한 인생이었다. 그럼에도 그는 그의 시「귀천」에서 다음과 같이 노래했다. "나 하늘로 돌아가리라 / 아름다운 이 세상 소풍 끝내는 날 / 가서 아름다웠더라고 말하리라." 일반적인 사람들은 결코 이해할 수 없는 인생관이다. 천상병 시인의 세계는 배부르고 따뜻한, 물질적으로 안락한 것만이 삶의 전부가 아니었던 것이다. 그들의 삶은 일반적인 사람의 시각으로는 결코 이해할 수 없다. 어떻게 배고프고 힘든, 다시 말해, 고통에 가득한 것처럼 보이는 삶을 '행복'하다고 말할 수 있을까. 그러나 그들에게는 자신의 안락한 삶과 명예 등은 전혀 고귀한 가치가 아니었다. 그들이 진정으로 추구한 가치는 그것들의 너머에 있었던 것이다. 그리고 천상병 시인은 그것을 보았기에, 고통 속에서 살았던 세상을 '아름답다'고 말할 수 있었던 것이다. 어떤 여자는 남편과 이혼하고

정부 보조금을 받으며 살아가다가 기저귀를 살 돈이 없어서 어린이 옷가게 탈의실의 기저귀를 훔친다. 그렇게 삶의 밑바닥까지 내려가 심한 우울증을 진단받은 그녀가 일기 쓰듯 노트에 끄적였던 이야기는 훗날 해리포터 이야기가 된다.

하지만 여전히 어떤 특정한 절대적 가치가 정점에 있는 듯 생각하고 행동하는 사람들이 많다. 학생은 당연히 공부를 열심히 해야지. 성인은 당연히 돈을 벌어야지. 당연히 ~해야지. 당연히 ~해야지. 그것들은 하나같이 각자가 구축하려는 '그들 자신만의 세계'를 무너뜨리고 하나의 거대한 공간 속으로 욱여넣으려는 말이다. 그러나 그것은 요구하는 사람들만의 문제가 아니다. 그것은 우리들 모두에게 남아 있는 잔재들이다. 나 역시 중고등학교 시절 '모범생'의 모습으로 많은 '해서는 안 될 것들'과 '해야 하는 것들'에 얽혀서 살았다. 나는 학생이기에 당연히 공부를 열심히 해야 했고, 그걸 넘어 공부를 '좋아해야' 했다. 나는 학생이기에 다른 일탈을 상상도 하지 못했고 어른들은 그것을 당연하게 여겼다. 공부가 아닌 다른 것을 좋아하고 열심히 하는 친구들을 보면 나도 모르게 우월감이 들곤 했다. 무언가를 당연하게 여기는 모습 자체에 익숙해져 버린 것이다.

학생으로부터 받은 과제의 일부입니다. 니체의 글이 마음을 움직인 경우라고 하겠습니다. 다소 거친 어휘와 매끄럽지 못한 문맥이 눈에 거슬리지만, 삶의 대부분을 채우고 있는 마땅히 해야 할 것들이 의도적으로 강요된 것은 아닌지를 성찰하고 있는 내용입니다. 거리두기의 예로는 좋은 글입니다. 그 무엇과도 바꿀 수 없는 비가역적 삶과 개별적 서사성은 반드시 목적을 전제로 할 필요가 없다는 테제를 세우고 있으며, 그를 위한 첫 단추를 잘 꿰고 있습니다.

한때 개인의 삶이나 사회, 역사가 일정한 목적을 향해 한 방향으로 진행된다는 생각이 우리를 사로잡은 적이 있었습니다. 예컨대 역사가 진보한다거나, 일정한 목적을 향해 나아간다는 생각 등이 대표적입니다. 문명의 이해관계에 충실할 수 있는 사람만이 떡고물을 주워 먹을 수 있는 승자독식의 세계에서 목적을 지향하는 삶이 성공을 부르는 노하우로 통하고 있는 현실은 충분히 납득할 수 있습니다. "목적의식적으로 살라"는 요구가 상식이 된 이유이기도 합니다. 하지만 삶 전체를 놓고 보았을 때 삶 속에 정해진 목적이나 성공의 규칙이 애당초 있기는 한 것일까요? 혹시 우리 시대를 지배하는 보이지 않는 손이 우리의 눈과 귀를 틀어막고 시스템의 일부가 되기를 강요하고 있는 것은 아닐까요?

또 다른 상식을 예로 들어 보겠습니다. 오늘날 우리는 시간 속에 어떤 필연적인 질서가 있다고 믿지 않습니다. 어떤 과학적 실험이 이를 증명하고 있기 때문은 아닐 겁니다. 굳이 그럴 필요도 없습니다. 최소한 우리의 자연적 시각은 이 사태를 열린 마음으로 바라볼 수 있을 정도는 되지 않을까요? 우연적 질서에 의해 돌아가는 덧없는 시간을 주장하려는 것이 아닙니다. 차라리 모든 것이 우연이라면 이상한 나라에 온 앨리스의 호기심이라도 발동할 수 있지요. 조잡한 목적이 우리의 시간을 지배한다는 사고는 인생이라는 연극을 삼류드라마로 만들어 버립니다. 정해진 스토리에 따라 움직이고 일정한 엔딩을 기대하는 역할에 목을 매는 순간 우리의 시간은 잘 짜인 시스템의 퍼즐조각으로 전락해 버리는 것이지요.

인생은 확실히 예측 불가능한 한 편의 소설과도 같습니다. 셰익스피어가 말했나요? 인생은 연극이라고. 그는 이 세상은 무대이고 우리는 거기에 등장하는 배우들이라고 말했습니다. 시간이 흐를수록 왜 이리도 이 말이 구구절절 옳게 느껴지는지 모르겠습니다. 각각 주어진 역할에 맞추어 무대의 전면에 등장하기도 하고, 때론 타인의 역할을 위해 퇴장하기도 하지요. 일생에 걸쳐 한 가지 역만이 아니라 다양한 역할의 가면을 쓰기도 합니다. 그런데 그는 세상을 너무 자기 중심적으로 바라본 것이 아닌가 싶어요. 작가이자 연출가이기도 했던 셰익스피어는 자신을 위해 타인을 배우로 만들어 버렸던 것이지요.

하지만 우리는 잊어서는 안 됩니다. 우리는 무대의 배우가 아니라 인생이라는 '있음'의 작가이자 연출가라는 사실을 말입니다. 한 편의 소설이나 연극에서 그저 살아남기 위해 노력하는 자연적 모습만이 그려진다면, 과연 그것이 문학적 소설, 혹은 예술적 연극이 될 수 있을까요? 자신의 있음으로 인해 타인의 희생을 묵인하는 지루한 소설은 어떤 작품성도 드러내지 못할 것입니다. 누군가가 삼류드라마의

뻔한 스토리를 넘어 관객의 마음을 움직이는 감동의 연극을 연출하려고 한다면 보다 다양한 요소들을 가미해야 할 것입니다. 갈등만이 아니라 예상을 뛰어넘는 반전이 있어야 하고, 적자생존만이 아니라 그것을 무력화할 수 있는 존엄한 인간의 모습도 필요한 것입니다. 자신이 사랑하는 것을 위해 전부를 던질 수 있는 배우의 진정성은 관객들에게 인간적 삶이 무엇인지도 보여 줄 것입니다.

현대인에게 있어 소비와 삶의 분리란 도저히 생각할 수 없는 일이 되었다. 상품을 대량으로 소비할 수 있게 된 현대 사회를 가리켜 '소비 사회'라 일컫는 것도 이제는 결코 어색하지 않다. 하지만 현대인들이 오해하고 있는 사실이 한 가지 있다. 그것은 바로 그들이 소비하는 것이 단순히 상품의 내용물이라고 생각하는 것이다.

하지만 과연 우리는 우리가 소비하고 있는 것이 그것뿐이라고 감히 단언할 수 있을까? 프랑스의 철학자이자 사회학자인 장 보드리야르가 한 말을 살펴보자. 그는 『소비의 사회』라는 책을 통해 "현대인들이 소비하는 것은 사물 그 자체가 아니라 사회의 계급질서와 상징적 체계"임을 밝히고 있다. 이를 이해하기란 어렵지 않다. 예컨대 고등학교에 다니던 시절, 친구에게 장난스레 동네 가게에서 산 값싼 커피를 '스타벅스'에서 사 왔다고 속이고 선물이라고 건네준 적이 있었다. 평소 커피에 대해 남다른 시각을 갖고 있노라 자부하던 친구의 반응은 예상과는 한참 달랐다. 역시 '스타벅스' 커피라서 맛이 다르다며 커피 맛에 대해 연신 칭찬을 아끼지 않았던 것이다. 뒷날 친구에게 그때 그 커피는 네가 그토록 싫어하던 동네 가게에서, 싼 값을 주고 사 온 커피라고 알리자 친구의 얼굴이 홍당무처럼 붉어졌다. 친구가 단순히 커피의 맛을 즐기기 위해 '스타벅스' 커피를 고집했다면 결코 이런 결과가 나오지 못했을 것이다. 인식하고 있었는지는 몰라도 사실 친구는 스타벅스 커피가 내포하는 이미지에 도취되어 있었다. 친구는 커피만을 마시는 것이 아니라, 동네 커피와는 질적으로 다른 이미지를 즐기고 있었던 것이다. 여기서 우리는 상품이 가진 원래의 가치, 즉 사물가치보다 교환가치(여기서는 이미지)를 우선하는 것에 묘한 거부감을 느끼게 된다. 다시 말해 우리는 교환가치에 사로잡혀 무언가를 잊고 있다는 생각을 떨칠 수가 없게 된다.

이 글의 저자는 이미지에 취해 자신을 상실한 현대인의 모습을 못내 애석해하고 있습니다. 우리가 얻은 것은 이미지의 화려함이고 그 대가로 자신의 주체를 내어 준 것이지요. 소비 사회가 만들어 낸 인위적 욕망을 매개로 자신과 이미지를 찾으려는 동안 우리는 날것으로 존재하는 있음의 열린 방식을 좁은 틀 속에 가두는 조잡한 연출가로 살아갈 것입니다. 닫힌 문 앞에 서서 문을 열려고 외치는 어느 시인의 슬픈 자화상이 떠오르는 것은 나만의 기우일까요?

오늘날은 주체성의 경계가 더 이상 의미 있는 것이 아니라고 과감히 선언하는 시대입니다. 대단히 혁명적이죠. 하지만 이 혁명적 의식이 존재의 뿌리 전체를 잘라 내라고 요구하는 것은 아닙니다. 살아 있음은 어떠한 방식이로든 주관적 전체를 드러냅니다. 문제는 그 전체가 열려 있다는 사실을 직시할 수 있는 능력에 달려 있습니다.

우리가 인격적으로 산다는 것은 일정한 삶의 규범을 잘 지킨다는 의미가 아닙니다. 그러한 우리가 특정한 대본에 자신을 가두고 정해진 역할로 자신을 고정시키는 화석화된 사회적 존재라는 의미도 아닙니다. 삶은 더 이상 어떤 이론적 틀이나 대지 위에 뿌리를 둘 필요가 없습니다. 살아 있음의 방식은 부유浮遊합니다. 그 우연적 떠다님 속에 삶의 이야기들이 그려질 수 있는 다양한 지평과 맞닿습니다. 그 마찰음이 살아 있음의 소리입니다. 따라서 삶이 부르는 소리에 우리의 귀를 막고 눈을 가려서는 안 됩니다. 앞서 인용했던 니체는 돌 속에 잠들어 있는 자신을 깨우기 위해 우리 모두가 망치를 들고 돌을 깨부수어야 한다고 말합니다. 니체의 망치는 닫힌 인위적 삶의 틀에서 벗어나 자신의 자연적 지평을 넓히기 위한 살아 있음의 방식입니다. 화석화된 이론으로 자신을 해석하는 것이 아니라 우리가 살아 있는 현실이 되는 것입니다.

종종 우리는 내면적으로 삶이 부르는 욕망과 정열의 솟구침을 느낄 때가 있습니다. 이 소리는 소수 재능 있는 사람만이 들을 수 있는 특별한 메시지가 아닙니다. 삶의 자리는 누구에게나 자신의 소리를 넌지시 건넵니다. 그 소리를 외면치 않고 그에 적극적으로 응할 수 있는 용기만 있다면, 우리 모두는 삶의 한가운데에서 그 새로움의 매력에 놀라게 될 것입니다. 그러한 생경함의 체험과 동행하지 않는 철학적 이론은 머리카락 한 올의 무게만큼 참을 수 없는 존재의 가벼움에 시달리게 될 것입니다.

'그럼에도 불구하고'가
가능한 사고를 하라

모든 사회현상에 '도덕'과 '윤리'라는 가치가 개입되면 학자들은 골치 아픈 프로그램을 떠안게 됩니다. 취약점도 해결책도 '윤리'라는 개념의 해석에 달려 있습니다. 왜 해답이 깔끔하게 나오는 수학문제와는 달리 윤리적 현상은 그렇지 않을까요? 윤리적 행위가 시대에 따라 변해 가는 도덕적 관습과 상당 부분 일치한다는 점을 일차적 원인으로 들 수 있습니다. 윤리적 행위를 사이에 두고 벌이는 과거와 현대의 신냉전의 시대도 큰 몫을 하고 있습니다.

윤리학은 성격상 하나의 독립된 분과학문discipline이라기보다는 전통 철학의 기대어 하나의 지류로서 인간의 행위에 대한 질문, 곧 "인간은 무엇을 해야만 하는가"라는 질문을 그 고유한 탐구 대상으로 하여 형성된 학문입니다. 전통적 관점에 따르면, 윤리학은 곧 하나의 규정지음이며, 선과 악, 미와 추의 이분법적 분리를 근간으로 하는 학문이었습니다. 윤리학의 역사가 대부분 철학의 역사와 겹쳐지는 이유가 여기에 있습니다. 삼라만상의 변화무쌍을 뒤로하고 본질로 돌아가야 한다는 생각이 철학사의 주류를 이루었기에 윤리학에서도 인간의 본성에 대한 탐구가 풍성하게 진행될 수 있었던 것입니다. 고대 철학은 이데아 중의 이데아인 플라톤의 '아가톤'(좋음)에서 도덕적 선의 이데아를 찾았고, 중세에는 신적 속성으로 조화와 질서를 해명하는 방식으로서 윤리학이 전개됩니다. 근대에 이르러 이러한 중세의 신적 차원의 논의는 수면 아래로 급격히 가라앉지만 탐구 대상이 인간으로 옮겨 왔을 뿐 이후에도 여전히 조화와 질서, 체계성을 찾고자 하는 보편학문의 성향은 그대로 유지됩니다.

현대는 모든 면에서 인류의 지성사에 유례없는 전환기를 맞고 있습니다. 이러한 전환기는 기존의 보편적 이성에 대한 굳건한 믿음, 선과 악에 대한 단호한 결별에 새로운 의문을 제기할 수 있는 토대가 되었습니다. 이러한 회의를 근거로 인간적 삶의 '올바른' 행위양식만을 추구했던 고전적 윤리학에 맞서 현대 윤리학은 인간의 자연스러운 '있음의 방식'을 회복시키며 그 다양성의 정당성과 근거를 찾는 학문으로 분화하게 됩니다. 단적으로 전통 윤리학이 거대한 선의 시스템의 구축을 목적으로 삼았다면, 현대 윤리학은 그 거대한 벽에 균열을 일으키고 있는 셈이지요.

'그럼에도 불구하고' 보편성의 이름으로 현대에서도 여전히 강력한 영향력을 행사하는 윤리이론이 있습니다. 앞에서도 종종 언급되었던 칸트의 담론이 그것입니다. 키워드로 뽑아낼 핵심 단락을 인용해 보겠습니다.

"인간에게 보편적인 경향성과 필요에 관련된 것은 시장가격을 갖는다. 필요가 있는 것이 아니면서도 어떤 취미에 맞는 것, 즉 우리 마음의 힘이 제멋대로 노는 것을 만족시켜 주는 것은 애호가격을 갖는다. 그러나 어떤 것이 목적 그 자체가 될 수 있게 하는 유일한 조건이 되는 그것은 단순히 상대적인 가치, 즉 가격을 갖는 것이 아니라 내적인 가치, 즉 존엄성을 갖는다"(칸트, 『도덕 형이상학을 위한 기초 놓기』).

이미 수차례 언급하였듯, 인간은 가격이 아니라 존엄성을 갖는다는 테제입니다. 칸트에게 인간 존엄성의 근거는 무엇일까요? 이유는 단 하나, 오직 인간만이 이성과 의지의 조화를 통해 자율적으로 도덕적 행위를 할 수 있기 때문입니다. 이러한 결론에 이르기까지 칸트의 문제의식은 전통에 충실하고 "인간의 행위가 어떻게 보편적인 행위가 될 수 있는가"라는 시대적 요청에 응답했다고 볼 수 있습니다. 그가 보기에 인간의 이성은 단순히 도구를 사용하는 호모 파버Homo faber에 그치지 않습니다. 신의 의지가 선함 그 자체에 있듯, 그 피조물인 인간의 이성도 각자가 가지고 있는 행위의 준칙들을 보편적인 법칙으로 삼아 행동할 수 있다는 것입니다. 인간의 존엄성이란 바로 이러한 보편적 행위의 가능성과 그에 대한 의무를 근거로 두고 있습니다.

근대의 화려한 꽃이었던 칸트의 윤리이론이 현대에도 여전히 유력한 이유는 그것이 지니고 있는 특이점singularity에 있습니다. 칸트의 윤리관이 '특이'한 이유는 윤리에서 행복이라는 가치를 독립시켰기 때문입니다. 아리스토텔레스에 있어서 윤리적 행위는 행복의 자족함과 차이를 보이지 않습니다. 선구자에 충실했던 전통 윤리학은 행복론이라고 불러도 과언이 아닙니다. 이에 반해 칸트는 행복해지려는 인간의 마음도 본능에 충실한 경향성에 영향을 받는 것이라고 생각합니다. 행복에 대한 추구가 보편성을 생명으로 하는 윤리적 행위를 침해할 수 있다는 논리입니다. 칸트가 윤리의 영역에서 헌법의 기본권에 속하는 행복 추구권을 박탈한 이유가 여기에 있습니다.

칸트 이래로 거의 모든 윤리적 '딜레마'의 본질은 사실상 애초부터 행복에 대해 묻던 윤리가 다른 성격의 가치를 지니게 됨에 따라 발생하게 됩니다. 정당화의 과정이 문제라면, 칸트의 의무적 윤리이론을 폐기 처분하면 어떨까요? 섣부른 판단이 더 큰 파국을 부를까 두렵습니다. '그럼에도 불구하고'의 이유를 하나 거론해 봅시다.

그렇다면 칸트는 대체 무엇을 위해 도저히 감당할 수 없는 보편성의 무게의 의무를 짊어져야 한다고 한 것일까? 비록 나는 용기가 부족하여 인권 변호사의 꿈을 일찌감치 버리고 그 의무에서 도망쳐 나왔지만 종이 뒤에 숨어서나마 다시 한번 칸트의 입장을 변호하려 한다. 칸트가 곧 죽어도 보편성, 무조건, 필연성을 주장한 이유는 도덕적 비일관성이 가져올 또 다른 비극을 예감했기 때문인지도 모른다. 즉 비일관적이고 그때그때마다 가치가 계산되고 판단이 달라지는 도덕이 어떤 잠재적 위험을 안고 있는지 알고 있었다면 말이다.

현대 사회에서 '법'이라는 형식으로 명문화된 의무는 어딘가에 존재할지 모를 '어떤' 사람을 위해 존재한다. 이 때문에 수많은 범죄자들이 죄 없이 풀려날 수 있더라도 단 한 사람의 억울한 희생자가 나오지 않도록 최후의 보루를 쌓은 것이다.

마찬가지로 범죄자들의 인권을 보장해야 하는 이유도 이와 비슷한 맥락에 있다. 인간의 존엄성을 이야기할 때 반박되는 부분이 인간 존엄성의 근거를 정당화할 때이다. 예를 들어 인간이 존엄한 이유가 이성이 있기 때문이라고 한다면, 뇌 손상이나 발달 장애를 가진 장애인들의 존엄성을 주장할 이유가 불분명해지지만 그렇다고 그들을 존엄하지 않다고 말할 수 있는 사람들은 거의 없다. 인간 존엄성을 주장할 수 있는 이유가 이성이든 뭐든 간에 존엄성이라는 가치를 그 어떤 변수에 관계없이 '모든' 인간에 확대하여 보편적으로 적용할 것을 주장하는 이유는 단지 눈에 보이는 이 세계만 보지 않고 보이지 않는 다른 세계까지 보려는 사고 때문일 것이다. 이 보이지 않는 다른 세계, 즉 '가능한 세계'는 단순히 추상적인 형이상학적 논리로만 치부될 것이 아니라 합리적 판단에 기여하는 실질적인 논리로 고려되어야 한다. '만일'이라는 것을 무시해서 생기는 비극을 초래하지 않기 위해서는 말이다.

우리가 '만일'을 놓쳐서는 안 되는 이유는 우리가 알고 있는 것과 우리의 의식 자체가 매우 제한적이기 때문이다. 우리는 많은 것을 정확하게 보고 있다고 믿지만 실상은 그렇지 않다. 최근에 발달한 뇌 신경 과학은 우리가 세상 그 자체가 아닌 각자가 가지고 있는 해석 틀을 통해 걸러진 세상을 보고 있음을 알려 주고 여기에 수많은 오류가 있을 수 있음을 지적했다. 인간이 빨강을 보지 못하고 빨강의 그림자를 보고 있다고 주장한 플라톤의 논리가 2,000년이 훨씬 지난 현대에 와서 과학적 정당성을 얻고 있는 것이다. 인간 신경기제의 특수성과 한계는 이처럼 우리의 표면적 의식으로는 아직 함부로 판단할 수 없는 사실들이 많으며 특히 드러난 표면만 가지고 타인에 대해 모든 것을 간파한 듯이 결정을 내리는 것은 매우 위험하다는 사실을 보여 준다.

아직은 분명한 것이 거의 없는 인간에 대한 우리의 판단과 관련하여 그나마 분명한 것은 우리가 내리는 판단들이 분명하지 않다는 사실 그 자체이다. 그것이 우리가 '만일'이라는 가능성으로 세계를 보아야 하는 이유이다. 만일 코끼리의 앞발 아래에 사람이 아닌 공이 있었다면? 만일 이 극악무도한 범죄자가 다른 가능한 세계를 통해 보면 본질적으로 우리와 다르지 않은 선량한 시민이라면?

이러한 '만일'의 법칙을 범죄자들에게도 적용한다면, 그들 역시 다른 가능한 세계에서는 존엄하게 대접받는 인간일 수 있다. 살아온 환경이 불우해서, 혹은 선천적으로 공감능력이 떨어져서 범죄를 저지를 수 있지만, 그렇기 때문에 가능한 다른 세계, 예를 들면 유복한 환경에서 자랐거나 공감능력을 관장하는 뇌 부위가 발달해 있을지 모를 다른 세계에서는 그들이 다른 사람들과 결코 다르지 않을 것이다. 이는 장애인의 존엄성이 그들이 가지고 있는 인간으로서의 잠재성에 의해 보장될 수 있다는 논리와 다르지 않다.

우리가 인간의 존엄성을 주장하면서 일부 인간에겐 존엄성이 없다고 주장하는 것은 그 시대엔 당연한 논리로 받아들여지던 고대 로마의 기독교인 박해, 중세 시대의 마녀사냥, 나치의 유대인 대학살과 같이 현대적 시각에서 보기엔 매우 비합리적이고 어처구니없는 역사적 사실들이 실상은 현대 사회에서도 모습만 달리할 뿐, 여전히 지속되고 있음을 보여 주는 것이다. 이 역사와 현재가 절묘하게 오버랩되는 것을 통찰하지 못한다면 인간 존엄성의 보편성에 대한 회의懷疑가 정작 다른 세계에서는 매우 멀쩡한(혹은 멀쩡하다고 생각되는) '나'를 위협하고 있을지도 모른다.

정리하자면 우리가 인간에 대해 아는 것은 아주 조금뿐이고,

알고 있는 그나마도 절대적 진리가 아니다. 우리가 다 주워 담을 수 없는 수많은 변수들과 가능성들이 존재하고 그 모든 가능성을 간파하는 것은 사실상 불가능하기 때문에 결국 '지금, 여기서' 무언가를 판단하는 건 섣부르다. 따라서 인간에게는 타인의 존엄성을 박탈할 수 있는 그 어떤 결정도 내릴 권리가 없으며, 그렇기 때문에 도덕법칙은 권리가 아니라 의무이다.

인간사에는 묻지도 따지지도 말아야 할 의무가 존재함을 역설한 글입니다. 상품이 지배하는 세계에서 언제 위협당할지 모를 한 사람의 존엄성을 위해서 어떤 법칙이 존재해야 한다면, 그 법칙은 보편적이고 필연적이어야만 합니다. 그 어떤 변수에도 뚫리지 않는 강력하고 든든한 방패가 필요하다면, 법의 이름으로 의무 지우는 것도 인간의 역사적 조건입니다.

물론 우리의 현실은 종종 가혹한 결과를 대가로 치르게 합니다. 무죄추정의 의무규정은 수많은 범죄자들을 방임하기도 하고, 역으로 정당방위에 의한 살인은 무고하고 선량한 사람을 범죄자로 만들기도 합니다. 합리적 계산과 비교해 효율성이 현저히 떨어지는 가능성의 세계를 위해 현실세계의 수많은 행복이 좌절되는 것을 보면, 인간에게 의무는 감당하기 힘든 존재의 무게가 될지도 모릅니다. 현실세계에서는 "우리가 어찌할 수 없다"고 말해야만 할 일들이 참 많고 그때마다 우리의 무능력함에 한탄하게 됩니다.

그 어떤 대가도 희망함이 없이 묵묵히 의무를 행해야 하는 나약한 인간을 바라보면서 칸트도 비슷한 무력감을 느꼈을지 모릅니다. 그렇기에 칸트는 '그럼에도 불구하고' 의무를 행하는 사람들에게 행복 대신 '행복할 수 있는 자격'이라도 부여하고 싶었는지 모릅니다. 그만의 독특한 용어인 '행복할 수 있는 자격'은 내세에 주어질 선물을 가리키고 있습니다. 대부분의 종교에서 공통적으로 보이는 윤회론이라기보다는 현세에서는 비록 힘들고 고달플지라도 선하게 살면서 주어진 의무를 행하면 다음 생에서 그 보답을 받는다는 희망의 세계관입니다.

윤리의 영역에서 행복 추구권을 과감히 밀어냈음에도 칸트는 여전히 인간이 경향성과 독립적으로 존재할 수 있다고 보지 않았으며, 경향성을 가지고 살아가는 인간의 모습을 간과하지도 않았습니다. 그는 교육학 강의에서 인간이 자라는 모습을 "들판에서 홀로 서 있는 나무는 휘어서 자라며, 그들의 가지를 넓게 뻗는다"고 표현한 바 있습니다. 가지가 굽어서 자라는 나무처럼 인간도 경향성에 따라 휘어서 자랄 수밖에 없는 자연적인 상태를 묘사한 것으로 보입니다. 이러한 역설이 칸트로 하여금 내세를 가정하도록 이끌어 갑니다. 내세란 의무를 위해 자연적 경향성을 희생한 사람에게 행복을 되찾아 주기 위한 일종의 반대급부反對給付라는 것이지요. 윤리에 종교적 포인트를 덧붙인 것은 나약한 인간에 대한 위로이자 최종 결정권자의 존재를 희망의 언어로 표현한 것입니다.

'그럼에도 불구하고'는 인간의 삶에만 적용되는 것은 아닙니다. 칸트의 의무론에 영향을 받아 그 정언명령을 자연을 대하는 인간의 태도에 적용시킨 한스 요나스의 『책임의 원칙』도 눈여겨볼 만합니다. 요나스는 호모 파버의 조작과 변형능력이 과거와 비교할 수 없을 정도로 미래에 어려움과 불안감을 안겨 주고 있다고 진단합니다. 그의 말을 직접 들어 봅시다.

이 모든 것은 상당히 변화하였다. 현대의 기술이 산출한 행위들의 규모는 너무나 새롭고, 그 대상과 결과가 너무나 새로운 것이었기 때문에, 전통 윤리의 틀로서는 이 행위들을 더 이상 파악할 수 없다. "무시무시한 것", 즉 인간의 놀라운 권력에 관한 〈안티고네〉의 합창은 오늘날의 전혀 다른 무시무시함 아래서는 다르게 불릴 것이다. 법칙을 존중하라는 개체에 대한 경고는 더 이상 충분하지 않을 것이다. 그것들의 마법적 법과 권리로 인간의 행위를 저지할 수 있었던 신들은 이미 오래 전부터 더 이상 존재하지 않는다. 물론 ―정의, 자비, 성실 등의 규범들과 같은― 이웃 윤리의 전통적 규범들은 친밀한 직접성 속에서, 그리고 인간 상호 작용의 가장 가까운 일상적 영역에서는 여전히 타당하다. 그러나 이 영역은 점차 증대되고 있는 집단적 행위의 영역에 의해 가려져 있다. 이 집단적 영역의 안에서는 행위자, 행위, 결과는 더 이상 근접 영역에서와 같은 것들이 아니며, 그것의 거대한 힘을 통해 윤리는 이전에 전혀 꿈꿀 수 없었던 새로운 책임의 차원을 강요한다.

전래된 세계관의 첫 번째 큰 변화로서 사람들은 인간의 기술적 간섭에 의한 자연의 가침성을 예로 든다. 그것은 이미 저질러진 피해와 훼손을 통해 인식되기 전에는 전혀 상상할 수 없었던 가침성이다. 그 충격으로 인하여 막 시작된 환경 연구(생태학)라는 개념과 학문을 초래했던 이 발견은 사물의 체계에 있어서 인과적 요소로서의 우리 자신에 관한 전체 생각을 변화시켰다. 그것은 인간 행위의 본성이 사실상 변화하였다는 사실을 그 결과를 통해 보여 주었으며, 또 전적으로 새로운 질서의 대상이, 지구의 전체 생명권만큼이나 우리가 그것에 대해 권력을 가지고 있기 때문에 추가로 책임져야 한다는 사실을 보여 주었다. 그것은 이전의 인간 행위의 모든 대상들을 난쟁이처럼 보이게 하는 압도적 크기의 대상이다! 인간 책임 가능성으로서의 자연은 정말 윤리이론이 심사숙고해야 하는 새로운 것이다. 어떤 종류의 책무가 이 이론에 타당한가? 그것은 공리주의적 관심 이상의 것인가? 그러나 여기 앉아 있으면서도 어쩌면 끝없는 심연으로 떨어질 수 있는 이 사람은 누구인가? 그리고 그가 앉아 있거나 떨어지는 것에 대한 나의 관심은 무엇인가?

— 한스 요나스, 『책임의 원칙』

호모 파버의 현대적 진화가 인간과 자연의 자연스러운 관계를 심각하게 왜곡시켰다고 요나스는 진단합니다. 특히 위의 인용구는 회복할 수 없는 자연의 가침성에 대해 경고하고 있습니다. 인간도 살아가야 할 존재이기에 인간의 역사가 자기 존엄성을 중시하는 사회구조로 진화한 것은 어찌할 수 없는 것으로 보입니다. '그럼에도 불구하고' 인권과 존엄성의 승리가 자연의 희생을 대가로 형성된 것이라면, 지금 우리에겐 뼈저린 자각自覺이 절실해 보입니다. 생태계의 정점으로서 '인격'은 이미 사라졌고, 진화의 와중에서 "잃는 것은 만물의 주인이지만, 얻는 것은 생태계의 집사"라는 주체로서의 기꺼운 자부심도 스스로 저버린 지 오래이기 때문입니다. 요나스의 책임의 철학은 윤리적 행위를 생태계의 회복에 맞춰야 한다고 주장하는 것입니다. 인간 존엄성이라는 문화적 결실을 자연 전체로 확대, 적용할 수 있을 때 비로소 인간은 진화의 주인으로서의 지위를 회복할 수 있다는 것입니다. 이러한 논리는 어떻게 가능하고 정당화될 수 있는 것일까요? 인간의 조건이란 대체 무엇을 의미하는 것일까요?

모든 살아 있는 생명체는 자신에게 유익한 것과 해로운 것을 구별하여 취하기도 하고 버리기도 합니다. 자신의 본능을 충족시키려는 욕망에 입각한 생의 의지는 생물학적 공통점인 셈이지요. 그럼에도 우리는 생의 의지가 보이는 두 종류의 양상을 구별합니다. 그저 본능에 따라 자연적으로 살아가느냐 아니면 그 필연적 질서를 의식하며 거리를 유지할 수 있느냐가 차이라면 차이일 것입니다. 인간은 전자일까요, 아니면 후자일까요? 우리는 우리 자신을 어떻게 이해해야 할까요?

요나스에 따르면, 인간의 정신은 단백질 세포로부터 갑작스럽게 발생하여 외부로부터 양분을 받아들이고 변화시켜 자신의 것으로 만드는 단순한 신진대사의 결과물이 아닙니다. 사는 것과 죽는 것은 모든 생명체의 자연적 운명이지만 '그럼에도 불구하고' 인간과 동물이 동등한 존재론적 위치를 점하고 있는 것은 아니라는 것이지요. 비밀은 인간 의식의 독특함에 있습니다. 다음 논의부터는 우리 자신을 보다 고상하게 이해할 용기가 필요합니다.

요나스에 따르면, 인간 의식의 진화는 자극반응이라는 단순한 형태로부터 단세포를 거쳐 책임과 의무를 의식하는 이성적 동물에 이르기까지 수억 년 동안 발달해 왔으며, 이후에도 진화는 계속되고 있습니다. 인간 의식이 근본적으로 동물이나 식물과 다른 방향으로 진화했다기보다 단계적으로 차별화되어 왔다는 주장입니다. 여기서 인간의 윤리적 행위가 갖는 독특함이 발생합니다. 인간은 자연에 존재하는 모든 생명체를 존중하고 보호할 수 있지만, 그 역은 성립하지 않는 것이지요. 사자가 사슴을 잔인하게 잡아먹는 것을 보면 누구나 몸서리를 칩니다. 그렇다고 우리가 사자의 갈기를 잡고 뺨을 때릴 수는 없습니다. 하지만 개를 매달아 끌고 다니는 한 인간의 동물학대를 우리는 강력히 비난할 수 있습니다. 공장식의 동물사육도 비판의 대상이 될 수 있습니다. 그 이유는 사자에게는 필수적인 것이 인간에게는 사치의 소비학이 빚어내는 만행이 될 수 있기 때문입니다. 인간이 자연을 배려와 보호의 대상으로 삼아야 하는 필연적 이유가 여기에서 발생합니다. 할 수 없는 일을 하지 않는 것과 할 수 있는 일을 하는 것에는 분명한 차이가 있습니다. 인간만이 본능적인 동정심을 넘어 다른 생명체를 보호할 능력을 갖춘 것입니다. '할 수 있음'과 '해야만 함'은 서로 간에 존재근거를 제공합니다. 오직 인간만이 다른 생명체들의 존재의미를 이해하기 때문에 책임과 의무를 지각하게 되는 것입니다. 다른 생명체는 어떠한 의무나 이해관계를 스스로 대변할 수 없습니다. "네 행위의 결과가 지구상에서 진정한 인간적 삶을 존속시키는 그러한 방식으로 행동하라!"는 책임 윤리의 정언명령으로 일컬어지는 요나스의 윤리적 원칙이 절대적인 의무 형태를 띠는 이유가 여기에 있습니다.

개념을 효율적으로 활용하라

현대 철학이 과거와 구별되는 자신만의 고유한 영역을 확보하고 있다면, 그 공은 분명히 비상한 인물들에게 돌려야 할 것입니다. 그 가운데 비트겐슈타인을 중심인물로 꼽는 데는 이견의 여지가 없습니다. 그는 사유와 언어 그리고 대상과 관련된 자신의 철학을 위의 인용문에서 함축적으로 암시하고 있습니다. 다소 어려워 보이는 인용구입니다. 앞뒤 문맥을 잘라 냈기에 이 문단만을 가지고 의미 있는 해석을 뽑아내기란 사실상 불가능해 보입니다. 종종 전문가의 해설이 필요한 이유가 여기에 있습니다. 물론 정확한 이해를 동반하지 않는다면, 해설 자체가 사태를 더 복잡하게 만들 수 있다는 것이 함정이겠습니다.

연예인이 '폼생生폼사死'라면, 확실히 철학자는 '개념생生개념사死'입니다. 사태를 개념으로 묶거나 풀 수 없는 사람은 철학자로서의 자격을 의심해 봐야 한다는 말입니다. 때론 하나의 개념을 풀어 수백 쪽의 논문을 쓸 수 있어야 하며, 그 반대도 성립할 수 있어야 합니다. 방금 읽은 단락에서 문제가 되는 개념은 '초월'입니다. 비록 구체적으로 명시되어 있지는 않지만 글을 관통하는 중심이 초월이라는 개념을 담고 있기 때문입니다. 전통적으로 '초월'이라는 개념은 대상의 대상성, 이른바 질적 속성을 넘어서는 존재의 세계에 맞춰져 있습니다. 비트겐슈타인은 대상적 이미지를 벗어난 '초월'이라는 개념이 어떻게 발생할 수 있었는지를 다소 냉소적으로 고찰하고 있는 것이지요. 그는 구체적으로 어디를 향해 비난의 활시위를 당기고 있는 것일까요? 우리는 왜 단순한 표상을 이미지를 넘어선 그 무엇으로 추구하는 치명적 오류를 범한다는 말인가요?

논의를 계속하기 전에 우리는 마치 암호와 같은 비트겐슈타인의 언어에 다소 해명을 하면서 앞으로 나아가야 합니다. 가성비로만 놓고 보면, 비트겐슈타인의 언어는 놀라울 정도로 효율적입니다. 비록 몇 줄밖에 되지 않지만 이를 통해 비트겐슈타인은 이미지를 벗어난 초월적 존재를 논했던 제반 형이상학적 사고를 싸잡아 조롱하는 듯 보입니다. 자아 혹은 자아와 관련된 철학사적 전통도 그의 과녁을 벗어나기는 힘들어 보입니다. 근대의 산물인 주체 개념, 그것도 그 뒷면에 새겨진 '초월성'은 아마도 화살이 정조준하고 있는 한가운데일 것입니다.

그런데 개념이 중요하다는 우리의 해석에 과연 독자도 고개를 끄덕여 줄까요? 우리의 예상이 맞는다면, 철학적 사유를 직업으로 삼지 않는 독자는 일찌감치 고개를 돌리게 될 것입니다. 이렇듯 서로의 마음이 어긋나는 데는 뭔가 분명한 이유가 있을 것입니다. 확실한 건, 지적 모자람이나 오해에서 비롯되었다기보다 언어 사용의 차이에 그 원인이 있을 것입니다. 서로의 언어적 온도에 미처 적응하지 못했기 때문인 것이지요. 여기서 철학적 개념의 사용이 분란의 원흉이라는 데는 의심의 여지가 없습니다. 그냥 상식적으로 이해 가능한 용어를 사용하면 될 일을 굳이 어려운 개념으로 묶어서 독자를 괴롭히는 이유가 뭘까요? 행여 철학자의 언어적 열정이 독자에게는 정신적 사디즘으로 느껴지는 건 아닐까요?

상상력이 가득한 철학서가 읽기 어려운 책으로 악명을 떨치고 특유의 개념과 난해한 구문이 저자의 지적 사유에 필수적이었는지 혹은 자의적이었는지는 논란의 여지가 있습니다. 그럼에도 개념을 사용하는 일 자체는 매우 중요합니다. 철학적 개념의 사용에 신랄한 비판을 가하는 독자조차도 '개념을 알면 쉽게 풀리는 학습법'이라는 대중적 언어에는 익숙할 것입니다. 개념이 없이 행동하는 사람에 대해 '무개념'이나 "개념을 안드로메다로 보냈냐"라는 표현을 쓰는데, 이 경우조차도 철학적 개념과 별반 차이가 없다고 보면 됩니다. 어떤 경우에도 개념은 사물을 표현하는 여러 현상 속에서 공통적이고 일반적인 요소를 추출하여 종합적으로 얻은 하나의 관념이라는 일반적 의미를 지니고 있습니다. 일차적으로 인류의 지성사는 자기 자신을 개념으로 표현하는 데 익숙해 있습니다. 몇 가지 예를 들어 보겠습니다.

라틴어 표기	우리말 해석	최초 사용자
Homo academicus	학문적 인간	Pierre Bourdieu, 1984
Homo aestheticus	미학적 인간	Luc Ferry, 1990
Homo amans	사랑하는 인간	Humberto Maturana, 2008
Homo biologicus	생물학적 인간	Charles Elworthy, 1993
Homo creator	창조적 인간	Michael Landmann, 1955
Homo discens	학습하는 인간	Werner Loch, 1967
Homo excentricus	자신의 외부에 있는 인간	Helmuth Plessner, 1928
Homo faber	노동하는 인간	Karl Marx
Homo mensura	만물의 척도로서의 인간	Protagoras
Homo metaphysicus	형이상학적 인간	Arthur Schopenhauer, 1819

현명한 독자라면 위의 도표가 인간을 표현하는 극히 일부에 불과하다는 사실을 금방 눈치챘을 것입니다. 맞습니다. 알파벳순으로 되어 있으니 경우의 수로 따지면, 인간에 대한 표상도 바둑의 반상 위에서 펼쳐지는 경우의 수만큼이나 많을 수 있습니다. 개념을 통한 학문적 유희는 학자들에겐 벗어날 수 없는 유혹입니다. 간결한 단어를 주고받으며 우리는 복잡 다변한 인간사의 단면을 한눈에 볼 수 있으니까요. 더욱이 미묘한 차이로 인해 그 의미가 달라질 수 있다는 사실을 보면, 철학은 망할지언정 결코 죽지는 않을 것 같습니다. 이제 우리의 논점인 비트겐슈타인의 글로 돌아가 봅시다. 인간을 표상의 너머, 즉 이미지를 벗어난 어떠한 존재로 이해했던 전통 철학은 그에게는 그냥저냥 언어 사용에서 온 오해에서 비롯된 것으로 보입니다.

"Homo pictor"

이미지를 만드는 인간이라는 의미입니다. 비트겐슈타인이 말하고자 했던 인간의 표상이란 바로 이미지를 말하는 것이지요. 이러한 해석은 어느 정도 일리가 있습니다. 두 발로 서서 생각하고, 언어를 사용하며, 사회적 관계를 이성의 본질로 여기는 데 익숙해 있는 인간이 자연적 본능에서 탈출할 수 있었던 출발점은 자신의 내부에 공간을 만드는 것이었습니다. 그 공간을 다양한 이미지로 채움으로써, 그는 자신을 직시할 능력을 얻었던 것입니다.

자연은 모든 존재자에게 자연적 본능을 부여하였습니다. 생존할 수 있는 일종의 선물입니다. 사자는 사자로 태어나며, 들소는 들소로 태어납니다. 사슴은 날렵한 두 다리로 강을 건널 수 있도록 설계되었고, 말의 강인한 두 다리는 자신을 추격하는 맹수로부터 스스로를 보호합니다. 그들이 태어나서 생존을 위해 갖춰야 할 유일한 능력이란 자연이 그들에게 선사한 직접적 본능을 완벽하게 실현하는 데에 있습니다.

그런데 인간은 어떨까요? 인간은 누구일까요? 자연이 인간에게 부여한 본능은 다른 종種과는 다소 다릅니다. 인간은 인간으로 태어나지 않습니다. 인간이 인간으로 실현되는 근원적 조건은 자신의 내부에 공간을 만들어 그곳을 다양한 이미지로 채워 넣을 때입니다. 인간이라는 개념은 곧 자유를 통한 실현 개념인 것입니다. 인간은 자신의 머리에 사자를 올려놓고 자신의 용맹함을 증명해야 하며, 지혜가 필요할 때는 뱀의 머리를 빌려 오기도 합니다. 풍만한 가슴과 불룩한 여성의 배를 조각하여 다산多産이 곧 미의 기준임을 선언할 줄 압니다. 상처와 소멸 앞에 의식을 행함으로써, 스스로 자연을 뛰어넘으려는 초월의 지평을 열기도 합니다. 이렇듯 인간은 자신을 일정한 이미지로 표현함으로써 자신이 누구인지를 볼 수 있었고, 그 정체성에 익숙해질수록 더 깊이 이미지에 의존하는 법을 배우게 됩니다. 인간의 근원적 본질은 '이미지를 만드는 존재'였던 것입니다. 표상과 이미지는 동전의 양면이라는 비트겐슈타인의 논점은 틀린 것이 아니었습니다. 사실세계를 묘사한 듯 보이는 그의 언어는 실은 근원적 인간을 지시하고 있는 것입니다. '나'에 대한 표상을 대상적 속성으로부터 분리시켜 초월의 영역에 정박시키려는 철학적 사유는 비트겐슈타인의 말처럼 문법적 오류인지도 모릅니다.

역시 인간은 신神의 모상貌相을 본떠 만들어졌다는 종교적 성찰이 맞는 걸까요? 말할 수 없는 것은 말할 수 없다며 앎과 삶의 경계선에 서 있으려는 비트겐슈타인의 태도는 꽤나 공정해 보입니다. 그렇다면 결국 우리는 초월이라는 개념을 사용할 수 없는 것일까요? 우리는 이 문제를 옳고 그름, 선과 악의 관점에서 다뤄서는 안 됩니다. '지금' 그리고 '여기'에서 우리가 할 수 있는 일은 '그럼에도 불구하고' 우리가 말할 수 있는 바를 말하는 데 있습니다. 그것도 우리의 시간 속에는 '오직'이라는 단어와 '너머'라는 단어를 사용하는 경우가 많다는 사실을 지적하는 용기를 발휘하는 것입니다. 오직 인간만이 자연의 현상을 돌아보고 자신이 만든 질서를 넘어설 수 있기 때문이지요. 다음의 글을 읽어 봅시다.

이번에 대통령이 된 문재인 대통령은 "사람이 먼저다"라는 슬로건하에 사람들에게 이제는 대중이 주인이 되는 정치를 하겠다고 선언하고 있다. 하지만 말을 한다고 해서 갑자기 사회가 환원시켰던 사람들이 돌아오는 것은 아니다. 사람들이 스스로 자신이 주체로서 사회가 규정하는 자신의 모습 이전에 자신이 존재함을 인지하고 생활할 때 사람이 가장 본질적인 가치로 다시 태어난다. 그 과정은 사회의 가치판단이 배제되고 존재하는 것만으로 가치가 있는 사람이라는 생각을 가지게 되는 것에서 출발한다고 생각한다. 자신은 스스로 가치 있고 그것은 사회가 인정해 주기 전부터 이미 존엄하다는 생각을 한다면 그것이 사회에서 '사람'이 다시 살아나는 계기가 될 것이다. 그 과정에서 가장 필요한 것은 예술이고 철학이다. 내가 생각하는 문학과 철학은 사회의 본질을 탐구하고 '인간'에 대한 본질을 탐구한다고 생각한다. 사회 시스템의 내부에서 내부의 시선으로 자의적인 관찰을 통한 고찰을 하는 것이 아닌 시스템의 경계에서 말할 수 없는 것에 대해서 말하고자 하는 노력을 통해 시스템의 문제점을 지적하고 사람들에게 고발하는 작용을 한다고 생각한다. 예술의 역할이란 그런 것이다. 시스템의 불편한 점을 사회의 언어를 통해 고발하고 혹시나 부족하다면 새로운 언어를 개발해 시스템을 고발하는 역할, 그것이 예술과 철학일 것이다.

비트겐슈타인의 말처럼 인간이 자신에 대해 말할 수 있는 것이 오직 자신의 표상에 불과하다면, 우리는 사회적 가치판단에서 결코 벗어나지 못할 것입니다. 앞서 우리는 이성이 본질로 향하는 환원에 있다고 말한 바 있습니다. 환원의 능력은 대상을 벗어나 인간 자신에게 적용되면서 그 정점에 달합니다. 언제든지 교환가치로 환원되는 공리적 사고는 차치하고라도 미디어는 구조적 권력으로 작동하며 인간에 대한 가치척도의 기준을 고착시키게 됩니다. 좋은 것과 좋지 않은 것, 해야 하는 것과 해서는 안 되는 것에 대한 관점이 고정되는 시점입니다. 윗글의 저자는 사람이 다시 살아나는 계기가 이른바 이러한 환원 이전으로 돌아가는 것이라고 주장합니다.

물론 초월이 밥 먹는 것처럼 쉬운 일은 아닐 것입니다. 시스템 안에서 시스템을 전체로 바라본다는 말은 어불성설입니다. 우리가 시스템을 바라볼 수 있는 유일한 조건이 바로 시스템 밖에 서 있을 때야 비로소 가능하기 때문입니다. 하지만 경계선이라면 어떨까요? 윗글은 인간이 지니고 있는 정신의 힘이란 자신과 시스템의 경계선에서 말할 수 없는 것을 말하는 능력에 달려 있다고 지적합니다. 철학과 예술에게 이러한 기능을 부여하는 것까지는 좋으나 그럼에도 어떻게 이러한 능력이 가능한지를 물어야 합니다. 무조건 "할 수 있다"는 선언은 자칫 부도수표로 이어질 수 있으니까요. 우리는 여기서 흔들리고 비틀리는 인간에 대한 표상을 지탱하기 위해 또 다른 개념을 버팀목으로 덧대야 합니다. '죽음'이라는 개념이 바로 그것입니다. 죽음을 통해 인간은 자신과 시스템의 경계선에서 전체를 돌아볼 수 있는 능력을 얻는 것입니다.

그리스 철학자 파르메니데스는 인간을 '죽어야 할 존재'로 정의합니다. 인간은 죽어야 할 존재입니다. 더 정확하게 표현하자면, 인간은 '반드시' 죽어야 합니다. 그런데 이 반드시라는 부사가 '오직' 인간에게만 적용되는 것은 아닙니다. 살아 있는 모든 것은 다시 자연으로 돌아가는 것입니다. 그럼 무슨 연유로 파르메니데스는 인간에 대해 여분의 정의를 시도한 것일까요? 자연으로 돌아가는 것은 다른 생명체와 나누는 상수이지만 오직 인간만이 자신의 죽음을 삶 속에서 반성할 수 있다는 의미입니다. 인간이 느끼는 시간의 흐름이 종말에 맞춰져 있다는 사실은 우리로 하여금 죽음의 의미를 생각하도록 이끌어 갑니다. 어쩌면 인간은 태어나면서부터 죽음의 의미와 함께하고 있는지도 모릅니다. 천수를 누리고 기력이 쇠진하여 자연스럽게 자연으로 돌아간 개인에게만 우리는 의미 있는 삶을 부여하지 않습니다. 갓 태어난 아이의 죽음이 단순히 유기체의 소멸이 아니라 아픔과 슬픔의 대상이 되는 이유는 그가 이미 누군가와 '함께' 하나의 의미체이기 때문입니다.

이렇게 보면 죽음이란 생물학적 소멸을 넘어서 삶에 의미를 부여하는 일종의 경계지점이 됩니다. 이러한 경계가 없다면, 우리는 삶의 의미에 대한 어떠한 사색도 할 수가 없게 됩니다. 영원한 삶이란 사실 의미 없는 삶인 셈이지요. 죽음은 삶이 어떤 식으로든 관계를 맺으며 의미를 발생시키는 일종의 과제로 등장하게 됩니다. 이 과제를 대하는 일차적 방식은 삼척동자에게 물어도 쉽게 답변을 얻을 수 있습니다. 우리는 대략적인 개요만 적어 보겠습니다.

일차적으로 죽음은 존재의 결함이기에 두려움의 대상입니다. 셸리 케이건의 베스트셀러 『죽음이란 무엇인가』에 소개되어 있는 '박탈 이론'에 따르면, 죽음은 삶의 모든 축복을 빼앗아 가기 때문에 대체로 나쁜 것으로 간주됩니다. 죽음은 비극이자 통곡이며, 어두운 터널을 홀로 걸어가야만 하는 외로운 길입니다. 따라서 피할 수만 있다면, 거부할 수만 있다면 인류는 그 짐을 벗어 버리려고 호시탐탐 기회를 노려 왔습니다. 진시황의 불로초, 파라오 투탕카멘의 황금가면은 단순히 특권층의 사치품이라기보다 죽음의 결핍에서 벗어나려는 삶에 대한 인간적인 집착이었다고 볼 수 있습니다.

한편 어떤 의미에서 죽음이 우리에게 두려움의 대명사가 된 것은 그 자체가 경험의 대상이 될 수 없기 때문입니다. 호모 사피엔스의 특징 중의 하나가 자신이 알고 있다고 믿는 만큼 어떤 것도 두려워하지 않는 대범함에 있습니다. 말이 대범함이지 종종 사태를 외면하고 치명적 오판으로 이어지는 것이 함정이 되겠습니다. 어쨌든 호모 사피엔스의 역사는 인식할 수 없는 것을 인식할 수 있는 것으로, 그렇게 인식된 것을 조작과 통제를 통해 삶에 익숙한 구성요소로 만들어 온 역사라고 볼 수 있습니다.

그런데 억지로라도 죽음이 인식의 영역에 정박될 수 있었으면 좋았을 텐데 그렇게 할 수 없다는 사실은 이성에게 늘 숙제로 남게 됩니다. 죽음은 이성에게는 인내심의 한계를 시험하는 유일한 사건이었던 것입니다. 그 결말이 배제로 이어진 것은 어찌할 수 없는 선택으로 보입니다. 죽음은 늘 정복할 수 없는 미지의 땅으로 남아 있었기에 불경한 것으로 배제될 수밖에 없었던 겁니다. 행여 죽음이 인식의 영역으로 들어오는 경우는 기껏해야 타자의 죽음을 통한 간접경험에 의해서입니다. 그때조차도 죽음은 가장 확실한 존재의 사건으로 대면하기보다 이별이자 충격으로, 존재의 경계선에 드리운 어두운 색조로 표현된 것입니다.

　과학의 발전이 죽음을 극복의 대상으로 취급하는 현실은 어쩌면 당연한 결과인지도 모르겠습니다. 하지만 여전히 죽음을 극복하는 가장 일상적인 방식은 망각이라는 신의 선물입니다. 선물이라고 표현한 데는 그럴 만한 이유가 있습니다. 어느 누구도 죽음을 옆에 두고 살아갈 수는 없으니까요. 누구도 비껴갈 수 없는 임박한 현실 앞에서 우리가 아무렇지도 않게 오늘과 내일을 이어 갈 수 있는 이유는 죽음을 잊고 살기 때문입니다. 혹은 죽음을 나의 사건이 아니라 자연적 인과법칙으로 해석하는 버릇이 효력을 발휘할 때도 있습니다.

　우리는 불현듯 목격하는 객관적 죽음을 보면서 삶의 유한성과 존재의 필연성을 대면하기보다 죽음의 원인을 찾는 데 훨씬 더 많은 투자를 합니다. 교통사고가 일어난 원인이 음주운전인지 아니면 부주의나 졸음운전인지가 세간의 관심을 끕니다. 흡연은 폐암을 유발하고 과도한 고기 섭취는 각종 성인병에 노출될 확률을 높이는 법이지요. 망각을 통해 죽음을 극복하려는 시도는 철학적 성찰에서도 예외는 아닙니다. 고통으로부터의 회피를 행복으로 정의했던 에피쿠로스는 죽음의 부재를 망각을 통해 해결합니다. "가장 두려운 악인 죽음은 우리에게 아무것도 아니다. 왜냐하면 우리가 존재하는 한 죽음은 우리와 함께 있지 않으며, 죽음이 오면 이미 우리는 존재하지 않기 때문이다"(에피쿠로스, 『쾌락』). 에피쿠로스는 죽음 앞에서 허둥대야만 하는 대중의 가벼움을 비웃습니다. 지혜로운 자는 죽음을 두려워할 필요도 삶을 거절할 이유도 없다는 것입니다. 어차피 삶과 죽음은 어떤 식으로든 겹쳐질 수 없는 완벽하게 이질적인 것이기 때문입니다.

하지만 망각은 죽음을 대하는 가장 인간적인 방식은 아닙니다. 죽음은 우리에게 있어서 삶의 종말이라기보다는 그를 통해 우리가 삶의 의미를 깨닫는 통로일 수 있습니다. 얼핏 모순된 주장처럼 보입니다. 말이야 쉽습니다. 죽음이 삶의 일부분이 될 수 있다는 말은 어떻게 이해될 수 있을까요?

죽음은 언제나 인간과 함께하며, 우리는 죽을 숙명을 가지고 태어난다. 죽음이 언제 다가올지 알 수 없지만, 죽음이 다가온다는 사실만큼 확실한 것 또한 없다. 로마 시대 개선식에서 승리한 장군에게 노예가 말했다고 전해지는 "Memento mori"(죽음을 기억하라)나, 서구의 공동묘지 입구에 쓰여 있다고 하는 글귀 "Hodie mihi Cras tibi"(오늘은 나의 날, 내일은 너의 날)는 모두 죽음의 숙명성이라는 진리를 담고 있다. 우리가 죽는다는 것을 두려움으로써가 아니라, 숙명으로써 '받아들일 때' 우리에게는 어떤 일이 일어날까? 하이데거는 『존재와 시간』에서 "가까이 '손 안에 있는'Zuhandenheit 존재자를 '배려함'Besorgen에서 사용 불가능한 것으로, 특정한 용도로 사용하기에는 부적절한 것으로 만나게 될 수 있다. … 이런 사용 불가능성의 발견에서 도구는 마침

내 우리 '눈에 띄게'^{Auffallen} 되는 것이다"라고 한다. 인간의 삶은 일상적으로 우리의 손 안에 있는 것으로 여겨진다. 우리는 특별하게 의식하지 않고 다른 일상 속의 존재들과 관계 맺는다. 이런 배려함의 인간 일상 속에서 죽음은 우리의 삶을 '사용 불가능한 것'으로 만드는 사건이라고 볼 수 있다. 이때 일상적으로 우리의 손 안에 있는 것으로 여겨졌던 삶은 마침내 우리의 '눈에 띄게' 되는 것이다. 일상의 친숙함이 낯선 것으로 바뀌는 순간, 우리가 이전에는 배려함의 관계 맺음 속에서 미처 발견하지 못했던 것들이 눈에 띄기 시작한다. 그리고 우리의 삶은 그러한 눈에 띄는 것들로 인해 경이와 놀라움으로 빛나기 시작하는 것이다. 노벨문학상을 수상했던 작가 앙드레 지드는 그의 책 『지상의 양식』에서 "저녁을 바라볼 때는 마치 하루가 거기서 죽어가듯이 바라보라. 그리고 아침을 바라볼 때는 마치 만물이 거기서 태어나듯이 바라보라. 그대의 문에 비치는 모든 것이 순간마다 새롭기를, 현자란 모든 것에 경탄하는 자이다"라고 한 바 있다. 모든 것에 경탄하는 자는 마음의 문에 비치는 모든 것이 순간마다 새로운 의미를 가지게 되는 것이다. 결국 눈에 띔의 관계 속, 손 안에 있지 않는 관계 안에서 우리는 비로소 일상 속 배려함의 관계 속에 은폐되어 있는 의미들을 발견할 수 있는 것이다. 그리고 죽음은 바로 삶을 눈에 띄게 만드는 있음의 방식인 것이다.

윗글은 우리가 죽음으로부터 무엇을 배워야 하는지를 하이데거의 혜안을 빌려 설명하고 있습니다. 확실히 모든 사람은 죽음이라는 길고 어두운 터널을 홀로 걸어가야만 합니다. 그런데 이러한 과정이 단순히 존재의 무거운 짐만으로 해석될 수는 없습니다. 하이데거는 누구나 죽는다는 사실이 개인을 그 누구도 대체할 수 없는 자신만의 존재로 이끌어 간다고 강조합니다. 이것은 무엇을 말하는 것일까요? 한 번만 비틀어 생각해 보면 누구나 쉽게 이해할 수 있는 대목입니다. 우리 모두는 사회적 가치에 의해 대상화되어 있습니다. 모든 것이 가치화되어 교환 가능한 수단으로 전락한 물질문명의 세계에서 개인도 예외가 될 수 없습니다. 우리는 수없이 많은 대중 가운데 익명으로 존재하며, 기계의 소모품처럼 언제든지 대체될 수 있는 사회의 구성원으로 살아갑니다. 이러한 상황에서 우리는 자신만의 개별성을 지닌 존엄한 주체라는 말을 함부로 사용할 수 없습니다. 그런데 죽음이라는 개념이 보잘것없는 개인에게 색다른 운명을 선사합니다. 자신의 존재가 결국 자연으로 돌아가 소멸되고 만다는 필연성 앞에서 우리는 삶 전체를 일정한 의미연관으로 고찰하게 되는 것입니다.

인간은 자신과 타인의 죽음에 대해 생각하고 그로부터 존재를 전체로서 고찰할 수 있는 생태계의 유일한 존재입니다. 인간이 동물과 다른 것은 그가 도구를 사용하는 유능한 호모 파버이기 때문이 아닙니다. 단순히 기능성이 인간의 존엄성을 보증하는 것이라면, 향후 사용될 인공지능이 호모 사피엔스 2.0으로 등극하게 될지도 모릅니다.

인간의 존엄성은 죽음을 배우는 과정에 있습니다. 동물이 죽음으로부터 오는 공포를 본능적으로 대하는 반면 인간은 자신의 죽음을 의식적으로 반성하고, 그 과정을 통해 삶 속에 숨어 있는 다양한 의미들을 인지하고 생산하며 확장할 수 있는 존재인 것입니다. 이 차이는 결코 작지 않습니다. 이 차이 속에서 철학적 상상력이 자라나기 때문입니다. 철학적 상상력이란, 수단이 아닌 전체로서 존재하는 자신과 관계를 맺으며 죽음을 배우는 과정이며, 단 한 번뿐인 존재론적 사건인 자신의 실존을 가장 의미 있는 시간을 위해 내던질 수 있는 정신의 힘인 것입니다. 생존에 이끌려 살아가는 본능적 존재에 반해 인간은 오로지 실존함으로써 약속을 행할 수 있으며, 그것을 지키는 동안만큼 우리는 초월적 존재라는 자격을 획득하게 됩니다. 존재와 죽음이라는 개념은 외적으로 맺어진 두 요소가 아니라 인간의 실존을 표현하는 동전의 양면인 것입니다.

언어를 춤추게 하는 것들

오늘은 종강입니다. 다음 주가 기말시험이니 사실상 수업은 오늘이 마지막인 셈입니다. 알퐁스 도데의 『마지막 수업』에서 뽑아내는 감동은 아닐지라도 최소한 책거리라도 해야 할 텐데, 요즘은 시대가 많이 변했습니다. 수업 일수에 대한 강박관념이 '낭만의 시대'를 거부하고 있는 탓입니다. 많이 가르치는 것보다 적게 가르치는 것이, 지식을 전수하는 것보다 스스로 생각하게 만드는 교수법이 대세인 자율의 시대에 우리는 여전히 물리적 시간에만 매달리고 있는 형국입니다. 그래도 그 덕분에 의미 있는 주제로 대미를 장식하게 되었습니다. 세상에는 하나도 버릴 것이 없다는 말이 사실인가 봅니다. 오늘의 주제는 디지털과 아날로그 사이에서 벌어지는 철학적 상상력과 표현입니다.

아날로그와 디지털의 차이는 크게 '선'인가 '기호'인가로 구별됩니다. 꿈과 희망이 유랑하는 디지털 노마드가 대세인 것은 확실해 보입니다. 그럼에도 향수병에 취한 사람처럼 아날로그적 감성을 자연스럽게 논의하는 시점이기도 합니다. 두 존재양식 사이에는 어떠한 차이가 있는 것일까요? 이 질문에 선뜻 대답할 수 있는 학생은 많지 않습니다. 흔히 시대를 쫓아가기 바쁘지 뒤를 돌아보려는 사람은 별로 없기 때문입니다. 이럴 때는 적절한 힌트를 줘야 정의로운 수업이 됩니다.

"인터넷을 통해 실시간으로 정보를 제공받을 수 있는 스마트 시대를 활용하는 것이 좋습니다. 당장 찾아 보세요. 네이버얼~. 디지털에 대해서 누가 한번 읽어 볼래요?"

학생들의 입가에 싱글벙글 미소가 넘칩니다. 곧 수업이 끝날 거라는 상상과 공상으로 마음을 주체할 수 없는 걸까요? 수업시간에 핸드폰을 끄라는 이야기는 들어 봤어도 이렇게 노골적으로 이용하라는 말은 익숙지 않을 것입니다. 학생들이 스마트폰을 뒤적거리는 사이에 나는 디지털 시대가 불러온 복잡한 문명에 대해 잠시 상념에 잠깁니다. 사전에 수업을 완벽하게 준비하기보다 학생들의 분위기에 이끌려 '자신'의 내면을 끌어내는 방식에 익숙한 나에게 지금은 다음 멘트를 준비할 절호의 타이밍입니다.

왜 인간은 디지털의 시대를 불러온 것일까요? '어떻게'를 물을 때, 우리 같은 인문학자는 본능적으로 '왜'를 묻게 됩니다. '어떻게'라는 질문은 현실 적응력을 높여 시장에서의 경쟁력을 강화하고 사회 진화에 순기능을 합니다. 그런데 '왜'는 의미를 묻고 있는 것이기에 대부분 비판의 언어로 승화합니다. 모난 돌이 정 맞는다고, 말이 '승화'이지 돈이 안 된다는 의미입니다.

인간 이성의 가장 큰 능력은 환원에 있습니다. 자연으로부터 분리된 호모 사피엔스의 역사는 '자연적 그러함'을 그렇지 않다고 부정하는 역사입니다. 학문의 역사도 부정의 언어학이어야 합니다. 생각해 봅시다. "A=A이다"라는 명제는 절대적으로 참입니다. 논리적으로 동일률에 해당하지요. 하지만 내용적으로 어떠한 정보도 제공하지 못합니다. 그저 수학적 증명에 불과합니다. 누가 나에게 나에 대해서 물을 때, "나는 김종엽입니다"라고 대답하는 꼴이지요. 이러한 이유 때문에 인간의 이성은 답변에 변화를 줍니다. 설명과 이해를 위해 환원이라는 특단의 조치를 취하는 것입니다.

조작과 변형은 환원의 기본적 형태입니다. 인간은 산을 변형시켜 유용함을 얻고, 물을 다스리는 법을 알면서 문명으로 향하는 전환점을 만듭니다. 철학의 역사도 크게 다르지 않습니다. 환원적 행위의 양상이 회전목마가 돌듯 '본질'을 중심으로 회전했다는 점이 특이할 뿐입니다. 동양사상에서는 이를 일컬어 도道라고 부르기도 합니다. 만물의 변화무쌍함을 뒤로하고 일점一點으로 돌아가야만 한다는 생각이 주류를 이루었기에 전통 철학의 좌우명을 '본질로의 환원'이라고 통칭해도 크게 틀리지 않을 것 같습니다. 학문의 본질이 진리를 추구한다거나 사물의 본질을 파악해야 한다는 요구는 환원의 욕망이 불러온 자연적 결과입니다.

학문의 역사만이 그러할까요? 일상에서의 경향은 더합니다. 현대 사회는 이성의 환원적 속성이 모든 분야에서 전성기를 구가하는 모양새입니다. 특히 사용가치로의 환원이 눈에 띕니다. 개인의 다름을 가격으로 환원하여 시스템의 부품으로 활용하고 있는 것입니다. 극단적 환원이 수습할 수 없는 대형사고로 이어질지도 모른다는 우려가 인간 존엄성이라는 과속 방지턱을 법적 규범으로 남기고는 있습니다. 하지만 현대인은 가격의 세계가 만들어 내는 화려한 공연에 취해 영혼 없는 좀비처럼 자본의 통제에 따라 움직이고 있습니다. 그 대가로 우리는 많은 것을 치러야만 합니다.

각양각색의 대립과 갈등이 그 일차적 폐해일 것입니다. 주체와 객체의 대립, 물질과 정신의 분리, 자연과 인간의 분리, 그로부터 야기된 인간의 소외는 그 어느 때보다 우리의 정신적 삶을 빈곤하게 만들고 있습니다. 자연으로부터의 분리와 함께 시작된 환원의 역사가 불안을 이기려는 인간의 실존적 조건임에는 틀림없지만, 분리로 인한 내면의 상처가 멍에처럼 목줄을 누르는 날이 많아진 탓입니다. 우리는 무엇을 얻고 무엇을 잃어버린 것일까요? 환원의 종착역은 과연 어디일까요?

이때 갑자기 학생 한 명이 손을 번쩍 듭니다. 나의 침묵이 길어지면서 답변의 불가피성을 기정사실로 받아들이는 분위기입니다.

"디지털은 아날로그의 반대 개념이라고 할 수 있는데, 0과 1, 흑과 백, on과 off처럼 중간에 어중간한 정보가 없이 옳고 그름이 확실한 것입니다. 디지털은 혼동의 가능성이 매우 낮고 높은 신뢰성으로도 연결되지만 반대로 어떤 경로의 신호라 할지라도 부드럽게 표현하기에는 한계가 있습니다."

역시 스마트폰의 위력은 대단합니다. 디지털 기술에 대해 가장 객관적으로 요약을 해 냅니다. 객관적이라 함은 주관의 독단을 벗어난다는 의미에서 긍정적이지만, 다른 한편으론 분석 대상 안으로 주입된 가치를 맹신한다는 점에서 지극히 소극적이기도 합니다. 오로지 '순응'이라는 가치에 현대 권력이 집중하고 있기에 마음을 움직여 자연처럼 순응하는 법을 찾아 자신을 낮추는 일만이 우리에게 남아 있는 것이지요. 모처럼 학생의 자신 있는 답변을 들었던 탓일까요? 나는 소크라테스의 산파술을 활용할 수 있는 절묘한 타이밍을 낚아챕니다.

"훌륭합니다. 디지털에 대해서 잘 설명해 주었습니다. 비교적 긴 설명을 하나의 단어로 요약하자면 어떤 개념이 제일 귀에 들어오던가요?"

이젠 뜸을 들이지 않아도 메아리처럼 답변이 바로 되돌아옵니다.

"높은 신뢰성이요."

"맞습니다. 디지털은 신뢰를 생명으로 하지요. 정확성을 기하기 위해 사용하는 도구가 있습니다. 아날로그가 자연을 있는 그대로 반영하는 반면, 디지털은 숫자로 모든 것을 표현합니다. 디지털 시대의 진정한 비밀은 이진법 코드로 구성된 일련의 분절화에 있습니다. 환원에도 단계적 변화가 존재한다면, 디지털의 시대는 가히 질적 혁명에 비견됩니다. 연속성을 특징으로 하는 자연적인 것이 0과 1의 기호로 환원되어 변형되기 때문에 전과 후의 존재방식은 근본적으로 다를 수밖에 없습니다. 자연의 소박함에 담긴 멋과 여유는 디지털의 편리함과 화려함에 밀려 그저 향수나 불러일으키는 아날로그적 구시대의 유물로 전락해 버린 느낌입니다. 환원의 전성기를 불러온 디지털 시대는 '생각대로 사는 삶'을 성장 동력으로 삼아 현대인에게 뿌리칠 수 없는 유혹이 되었습니다. 있는 그대로 존재하는 이질적인 것을 단시간 내에 익숙하고 동질적인 것으로 변형시켜 그것을 다시 병렬적으로 재배치함으로써 그들 사이의 자유로운 왕래가 가능해진 것이지요."

거침없이 내뱉고 나니 속은 후련한데 학생들을 배려하지 못했다는 자책감이 뒤늦게 밀려옵니다. 유감스러움에 빠져 허우적댄다는 표현이 더 적절해 보이네요. 거기에 의외의 반전도 학생들을 불편하게 할 것 같습니다. 학생들은 디지털 시대에 살아남는 법을 듣길 원했겠지만, 나는 디지털 기술이 확증편향처럼 선택적 사고의 일종이라고 부정적 가치판단을 하는 중입니다. 서로의 필요와 원함에 따라 운명의 어긋남을 경험하는 셈입니다. 디지털 시대는 인간의 한계라고 여겨졌던 시공간의 장벽을 넘어 모든 존재의 자유로운 만남과 상호 작용을 구축함으로써 새로운 가치와 질서를 창조하게 됩니다. 그동안 불가능이라고 여겨졌던 모든 것들이 임박한 현실이 될 수 있는 기술적 조건이 갖춰진 것입니다. 혹자는 의문을 제기할지도 모르겠습니다.

"이러한 과학기술의 발전은 오히려 환영할 만한 진화의 결과가 아닌가요?"

산과 들을 디지털 기술로 변형시키는 것은 우리의 이해관계와 크게 상충하지 않습니다. 멀리 보면 다르겠지만 근시안적으로 조작과 변형을 통해 이득을 취할 수 있으니까요. 하지만 그 대상이 우리 자신이라면 어떨까요? 가치판단의 대상은 디지털과 인간입니다. 디지털 기술이 인간과 세계 그리고 그 관계 맺음을 숫자로 처리하려는 이유 중의 하나는 예측 가능한 완벽한 시스템을 구축하려는 욕망에 있습니다. 자연으로부터 분리된 인간의 이성이 불안을 극복하는 유력한 수단으로 시스템의 구축을 선택했다는 점을 감안해 본다면, 디지털 시대가 진화의 거의 마지막 단계임은 분명해 보입니다. 인류의 오랜 염원이었던 이상국가는 디지털이 구축해 놓은 시스템의 옷을 입고 유토피아로 새롭게 탄생하려고 이제 막 준비 중입니다.

2

이렇게 관점 전환을 시도한 후에 이제 본격적으로 학생들에게 질문을 던집니다. 사실 학생들의 확증편향 욕구를 다른 쪽으로 돌리는 것도 쉬운 일이 아닙니다. 전형적인 사고의 틀을 바꾸는 데 엄청난 상상력이 필요하기 때문입니다.

"디지털이 구축한 유토피아에서는 과연 사회적 갈등이 전혀 없는 것일까요? 오늘날 우리가 겪는 이념대립, 지역갈등, 종교적 불협화음, 정치적 충돌, 개인 간 가치관의 차이는 디지털 시스템 내에서도 여전히 사회적 현상으로 부각되어 학문의 대상이 될 것입니다. 문제는 갈등을 해결하는 방식에 달려 있을 것입니다. 디지털 시대의 유토피아가 사회적 갈등에 대처하는 자세는 어떠할까요? 우리는 시스템의 속성을 통해 이를 가늠해 볼 수 있어야 합니다."

유토피아를 꿈꾸다가 디스토피아의 함정에 빠지는 SF 영화의 한 장면을 말하려는 것이 아닙니다. 디지털 시스템을 움직이는 동력은 이성의 환원능력에 있습니다. 그 과정이 수의 단일한 원리로 움직인다는 점에서 우리는 이것을 동질화 과정이라고 부릅니다. 시스템이 형성되고 고착되는 과정은 모든 것을 동질화시키는 과정입니다. 수를 통한 존재의 조작과 변형으로 자연의 모든 문제를 안전하게 해결할 수 있으리라는 믿음이 모든 해석에 단일한 기준을 적용하도록 만든 것입니다.

이제부터 걸어야 할 사고의 여정은 스스로의 생각과 깨달음을 통해 이해하지 않으면 서로 공유하기가 매우 어려운 분야입니다. 적게 가르쳐야 한다는 언표는 무책임한 교육철학도 교육자의 직무유기도 아닙니다. 스스로 깨우친 사람은 자신도 모르게 언어의 달인이 된다는 단순한 진리를 확인할 뿐입니다. 나는 계속 말을 잇습니다.

"디지털이 구축한 완벽한 시스템 속에서 0과 1로 환원될 수 없는 것은 인식의 연관체계에 포획될 수 없습니다. 인식의 형태로 뒤바뀔 수 없는 것은 시스템에 균열을 일으키고 결국 심각한 불안요소로 남습니다. 우리는 인류의 역사가 앎의 영역에 포획되지 않는 불안요소에 대처하기 위해 어떤 운영의 묘를 발휘했는지 알고 있습니다. 익숙하지 않은 것을 익숙한 것을 통해 해석하는 아전인수는 이성의 전매특허와도 같습니다. 하지만 가장 강력한 수단은 배제와 낙인입니다. 기호로 환원될 수 없는 것은 디지털 시스템의 시대에 결국 정치·사회적으로 낙인찍히고 배제될 것입니다. 앎의 시스템으로 묶일 수 없는 것들을 완벽하게 포획할 수 있는 유일한 조건은 삶 속에서 그 자리를 없애는 것이지요. 근대를 열어젖힌 "아는 것이 힘"이라는 슬로건은 과학 발전의 원동력이기에 앞서 무지無知 앞에 좌불안석坐不安席 불안해하는 인간의 강박관념을 근원적으로 표현하고 있습니다. 동질화는 인식과정과 정확하게 일치하는 것입니다."

학생들은 다소 의아할 수 있습니다. 모든 것을 인식의 프레임 속에서 완벽하게 통제할 수 있다면, 우리는 더욱 안전하고 풍요로운 삶을 영위할 수 있는 것이 아닐까요? 인식의 한계를 지적하기에 앞서 인식의 힘이 등장할 수밖에 없었던 인간의 조건을 지적하는 일이 현명해 보이기는 합니다. 우리는 지금 인식에 대한 찬반논쟁을 진행하려는 것이 아닙니다. 인식의 의미를 거리 두기를 통해 들여다보고 있는 중입니다. 여기서 우리는 동질화 과정이 인류 역사에서 폭력의 근원이었다는 사실을 주목할 필요가 있습니다. 온갖 종류의 '중심주의'가 망령이 되어 세계의 영원한 수호자가 되겠다는 비극적 신념은 사실 어제오늘의 일이 아닙니다. 팍스 로마나Pax Romana, 팍스 아메리카나Pax Americana, 팍스 시니카Pax Sinica 등 정치적 중심주의에서 문화적 중심주의에 이르기까지, 민족 중심주의에서 인간 중심주의와 같은 생물학적 우월주의에 이르기까지 자신을 중심으로 세계를 경영하려는 독단은 사실상 인류 자신을 위협하는 자학 행위였습니다.

갑자기 한 학생이 손을 번쩍 듭니다. 질문을 하려는 모양입니다. 교수의 질문에 답변하려는 시도도 아니고 자발적으로 손을 드는 경우는 흔치 않은 일입니다. 스스로 질문을 던지고 답변까지 하는 독백의 연속에서 우울해지고 피곤해지려는 심신이 잠시나마 위로를 받는 순간입니다. 좋은 질문은 수업을 춤추게 합니다.

일반적으로 좋은 수업은 교수의 몫이라고 생각하는 경향이 있습니다. 그런데 완벽하게 준비된 수업이란 있을 수 없습니다. 설령 아무리 뛰어난 학자라도, 개인적 역량에는 한계가 있습니다. 비밀의 문은 학생들의 태도에 달려 있습니다. 좋은 질문은 강의자의 내면에 숨겨진 자연적 야생성을 일깨워 그가 알지 못하는 언어를 내뱉게 합니다. 정글에서야 정해진 길 이외에 함부로 나다니지 않는 것이 원칙이겠지만, 수업에서 정답으로 안내하는 길은 패가망신의 지름길입니다. 매 시간이 새로운 지적 모험이 될 수 있도록 모범답안을 작성해서는 안 되겠습니다.

이왕 말이 나왔으니 가장 좋은 수업이 어떤 것이냐를 두고 부연해 보겠습니다. 당연히 질문이 많이 나오는 수업일 것입니다. 학생들의 적극적인 참여가 중요하다고요? 그것도 일리가 있습니다. 하지만 더 중요한 것은 질문을 서로 공유하는 폭이 넓으면 넓을수록, 그 논의가 깊으면 깊을수록 내면의 힘이 밖으로 솟구쳐 나와 익숙함을 밀어낸다는 사실에 있습니다. 개별적 삶만이 세상 그 무엇과도 바꿀 수 없는 고유성의 상징은 아닙니다. 수업도 정확하게 그렇습니다. 어떤 경우에도 똑같은 수업이 진행될 수 없다는 의미입니다. 내가 하는 수업과 다른 사람이 하는 수업이 동일하다면, 굳이 이렇게 얼굴을 맞대고 있을 필요가 없습니다. 관련 분야의 노벨상 수상자의 동영상 강의가 가성비로는 최고가 되겠지요. 나로부터 더 나은 정보를 기대하는 것이라면, 여기에 앉아 있을 필요가 없다는 뜻입니다.

그렇다면 우리는 여기에 왜 앉아 있는 것일까요? 나는 이 시간에 대한 책임을 지고 있습니다. 수업 주제와 내용에 대한 전문적 성찰만을 의미하는 것이 아닙니다. 나는 주제에 대한 이해를 돕고 학생들이 질문을 쏟아 낼 수 있도록 지평을 열어 주어야 합니다. 그것이 오프라인 수업의 주요한 과제입니다. 이 여정은 누구나 동일하게 찍어 낼 수 있는 상품이 아닙니다. 내 수업이 훌륭하다고 자화자찬하는 것이 아닙니다. 나의 시간이 단 한 번만 일어나는 세계의 사건이기 때문에 그렇습니다. 시간이라는 것이 참 오묘한 맛을 냅니다. 돌고 도는 게 시간과 돈이라지만 시간에 있어서만큼은 절대로 제자리로 돌아오지 않습니다. 지난 지점으로 되돌아갈 수 없는 이 비가역성의 비밀이 학생들의 질문 속에 들어 있는 것입니다.

참, 학생의 질문을 잊어버렸군요.

"동질감은 소통의 기본이 아닌가요? 소통이란 나의 생각을 상대방에서 이해하고 공감하도록 하는 행위가 아닌가요? 우리는 인문학 특강을 하며 소통의 자리를 만들었다고 자평합니다. 강연자는 꿈과 희망을 이야기하고, 그 방식을 공유하며 청중이 한껏 부풀어 오르기를 기대하지 않습니까?"

학생의 지적은 일상의 경험에 비춰 보면 틀리지 않습니다. 아니 어쩌면 당연해 보입니다. 동질화 과정은 사실 필연적입니다. 정글의 법칙에서 비롯된 '만인에 대한 만인의 투쟁' 상태를 통제하고 공공의 목적을 추구하면서 사회정의를 실현하기 위해서는 단일한 기준이 필요하기 때문입니다. 하지만 그 길이 살아 있음의 다름을 무력화하는 방향으로 진행될 때부터 우리에겐 성찰의 시간이 필요합니다. 이제 답변해야 할 시간입니다.

"삶의 길[道]에는 차별이 없습니다. 그것이 비록 미물이라 할지언정, 자연이 선물한 자리를 차지하고 있는 동안 그 시공간에는 길이 내재되어 있습니다. 그 상이한 길을 인정하는 것이 소통의 출발점이 되어야 합니다. 그래야 우리는 소통과 공감을 통속적 의미의 화합과 구별할 수 있게 됩니다. 흔히 생각이 다르고 살아가는 방식이 다른 타자의 존재를 인정하고 받아들이며 소통하는 노력을 화합의 과정이라고 말합니다. "다양성을 인정하라"는 구호는 이미 인구에 회자된 지 오래입니다. 그럼에도 소통과 인정의 의미를 충분히 이해하고 있다고 보기는 어렵습니다. 오히려 우리는 자신의 생각을 공유하도록 설득하고, 동일한 목적을 향해 함께 뭉치며, 공동의 이해관계를 위해 노력하는 과정에서 공감과 인정을 이용하고 있는 것은 아닐까요?"

나는 낯선 것을 좋아하는 편입니다. 특히 수업 중 발생하는 우연적인 사건이나 불확실한 것들이 내 마음을 설레게 합니다. 왜 그럴까요? 천성적으로 호기심이 많거나 오지랖이 넓어서가 아닙니다. 이러한 자연적인 것들이 생경한 낯섦으로 다가올 때, 새로운 언어가 익숙함에서 벗어난 다른 세계로 나를 안내해 줍니다. 자신과 타인, 세계와의 생경한 만남은 하나하나가 모두 상상력이 꽃피는 토대들입니다. 익숙함이, 어쩌면 동질화의 과정이 이러한 열림을 가로막는 것이지요. 익숙함은 사회적으로 적응할 수 있는 최소한의 원동력이지만, 한편으로는 익숙함 속에 갇혀 그렇게 살도록 길들여지는 과정이기도 합니다. 마음의 담장이 한 겹씩 쌓이게 되면 어느 누구도 넘볼 수 없는 견고한 성에 갇히는 것입니다. 나는 학생들이 자연이 허락한 젊음의 시간을 열린 작품으로 살아갈 수 있기를 바라고 있습니다.

"야생성이라는 것이 있습니다. 여러분은 누군가의 가르침을 받아 그렇게 살아가야 할 존재들이 아닙니다. 공자가 너무 많이 읽어서 가죽 끈이 세 번 끊어졌다는 위편삼절韋編三絶의 주역이 반드시 여러분이 되어야 한다고 단언해서도 안 됩니다. 지금은 그런 시대가 아닙니다. 세련된 인문학 특강은 우리 안에 꼭꼭 숨겨진 야생적인 것, 자연적인 것, 그 날것들이 상상의 나래를 펴고 바깥으로 뻗어 나갈 수 있도록 길을 열어 주는 과정일 것입니다. 사실 아무것도 가르쳐 준 것이 없지만, 모든 것이 가능한 무한한 지평인 것입니다."

It's easier said than done! 말이야 쉬운 법입니다. 그런데 어느덧 우리는 자연적인 방식을 낯설게 느끼는 시대에 접어들었습니다. 나는 상상력이 춤추는 시대를 여전히 아날로그적 시대라고 표현합니다. 디지털은 나쁘고 아날로그는 좋다는 이분법적 사고가 아닙니다. 누누이 말하지만 우리는 디지털적 삶의 방식을 앞으로도 선호할 것입니다. 진화의 방향에 따라 활시위는 이미 당겨졌으며 화살이 과녁에 도달할 때까지 그 형태를 유지하고 끝까지 시선을 놓치지 않는 것도 중요합니다.

하지만 최적화된 삶을 위해 우리가 무엇을 대가로 치렀는지를 확실히 짚고 넘어가야 합니다. 디지털은 수렴의 방식을 가지고 있습니다. 즉 자연에서 오는 다양한 경우의 수들을 단일한 신호로 바꿔 줍니다. 세상과의 관계를 무조건 생존경쟁으로 해석하려는 경향도 이러한 디지털 사고방식의 유형입니다. 하지만 자연이 부여한 '있음의 방식'은 결코 단수가 아닙니다. 자연으로부터 오는 다양한 신호를 거울삼아 다양한 색채의 빛을 반사할 수 있는 사람은 빛을 굴절시켜 우리가 보지 못했던 새로운 세계를 열어 줍니다. 이것이 자연적 삶의 태도이자 아날로그적 방식입니다.

이젠 이 사태를 일상의 경험을 통해 설명할 수 있어야 합니다. 이는 내가 선호하는 과제 작성방식이기도 합니다. 학기가 끝나면 서로 평가를 주고받아야 하는 필연적 순서가 기다리고 있습니다. 말이 나왔으니 말이지 요즘 학생들의 과제를 평가하는 일은 결코 쉬운 작업이 아닙니다. 호랑이 담배 피던 시절에는 선풍기 앞에 시험지를 날려 멀리 날아가는 순으로 순위를 정한다는 농담이 돌 정도로 쌍방이 성적에 관대했습니다. 하지만 요즘은 성적에 있어서만큼은 웃자고 한 말에 죽자고 덤비는 시대이기에 함부로 말도 꺼낼 수 없습니다. 아니나 다를까 성적 공시가 끝나고 나면 70퍼센트가 넘는 학생들이 이의 신청을 합니다. 심지어는 A를 받은 학생조차 이 대열에 합류합니다. 물론 배려와 격려가 주류를 이룹니다. 한 가지 예를 들어 볼까요?

"안녕하세요. 교수님! 한 학기 동안 수업 정말 재밌게 들었습니다. 이번 학기 유일한 교양 수업이었는데 늘 기대가 되었습니다. 다름이 아니라 중간과제 점수를 교수님께서 너무 잘 주셔서 기말고사 과제를 나름 굉장히 신경 써서 여러 자료들도 검색해 보고 생각을 키워 작성하고자 노력했습니다. 기말과제 다시 한번 검토해 주시면 너무 감사하겠습니다. 한 학기 동안 철학적 사고에 대해 알게 되어 너무

좋았습니다. 성적이 올라간다면 교수님의 철학 수업을 너무나 좋은 기억으로 가질 수 있을 것 같습니다. 감사합니다. 한 학기 동안 수고 많으셨습니다."

성적을 올려 주었을까요? 영업상 비밀입니다. 나를 제일 괴롭히는 이의신청 멘트는 역시 자신의 점수가 어떻게 산출되었는지 그 객관적 과정을 묻는 것이겠습니다. 사지선다형도 아니고 글을 점수로 환산한다는 것은 가능하지도 않고 해서도 안 되는 일입니다. 결국 "왜 내 점수가 씨뿔입니까? 씨뿔!" 이렇게 항의하고 있는 것이지요. 그러다 보니 결국 몇 가지 채점 기준을 적용하게 되는데 그 가운데 하나가 자신의 언어로 글을 엮으라는 요구가 됩니다. 일상의 경험은 온전히 자신의 언어가 등장할 수 있는 좋은 수단이 되겠지요.

"연애는 확실히 아날로그적 방식으로 진행되어야 합니다. 상대방으로부터 오는 다양한 신호를 단일한 방식으로 처리하려는 사람은 미성숙한 사랑의 전형을 보이게 됩니다. 사디즘과 마조히즘적 대응 방식이 대표적입니다. 상대방을 자신의 일부로 여기거나 역으로 상대방의 삶의 방식에 전적으로 의존하는 자학적 사랑은 인격적 만남을 통해 형성되는 합일을 경험하지 못합니다. 성숙한 사랑은 상대방으로부터 오는 신호가 자신을 통과할 수 있도록 고도의 기술을 발휘해야 합니다."

사랑의 기술에만 디지털과 아날로그 방식이 존재하는 것은 아닙니다. 교수법에도 정확하게 적용될 수 있습니다. 디지털 유형의 교수법은 이성의 총아답게 가성비를 중요시합니다. 이 유형의 교수들은 논리적이며 원리원칙을 철저히 지킵니다. 명분을 중요시하고 본인만의 규율이 있기도 합니다. 때때로 앞뒤가 꽉 막힌 것처럼 보일 수도 있고, 냉혈한처럼 보일 수도 있지만 이들의 최고 장점은 늘 한결같다는 것입니다. 내부나 외부의 환경 변화에 크게 신경 쓰지 않고 맡은 일을 성실히 이행합니다. 디지털 유형의 교수는 학생 분위기, 본인 컨디션에 상관없이 본인이 해야 할 수업을 딱 하고 나갑니다. 곰곰이 생각해 보니 전체적으로 우리는 이러한 유형의 교수법에 익숙해 있는 것 같습니다. 2시간이면 2시간, 4시간이면 4시간 정해진 수업시간을 정확히 채우며, 정의된 지식과 정보를 전달하는 데 최선을 다하는 것이지요. 쓸데없는 말을 자제하고 수업과 관련된 내용만을 고집하는 것이 책임 있는 수업이라고 여깁니다.

나는 이러한 유형의 교수가 아닙니다. 이성에 반하는 감성적 수업 방식에 근접해 있습니다. 그야말로 아날로그식이지요. 어느 학생의 과제가 나의 생각보다 나와 내 수업방식을 더 잘 묘사해 주었습니다.

"반면에 감성적인 사람은 어떤가? 원리원칙에 입각하기보다는 상황에 맞는 유연성(융통성)을 발휘해 일을 처리한다. 그리고 즉흥적이며 분위기에 쉽게 이끌린다. 따라서 행동을 예측하기는 어렵겠지만 때때로 기발한 발상을 통해 사람들을 놀라게 한다. 교수님께서 본인은 여기에 속한다고 하였다. 나도 그 말씀에 동의한다. 내가 아는 교수님은 감성적이고 독특하시다. 주제가 분명하게 주어진 수업보다는 차 한 잔 마시며 나누는 진솔하고 열린 대화를 더욱 사랑하시는 것 같다. 나는 수업시간과 시험을 통해 이러한 것을 느꼈다. 교수님은 지식 전달에 목적을 두고 계신 것 같지 않다. 매주 다른 주제를 던져 주시고 우리 스스로가 사고할 수 있도록 하려는 것 같다. 시험도 마찬가지다. 시험을 치르는 데 밤새워 공부할 필요가 없다. 주어진 주제를 가지고 자유롭게 대화하는 것. 이것이 교수님이 우리에게 낸 시험이었다. 하지만 내가 이성적이기 때문일까, 아니면 이성적인 수업에 익숙해져 있기 때문일까, 나에겐 이것이 굉장히 어렵고 까다롭게 느껴졌다. 여태껏 내가 풀어 온 시험과 문제는 분명한 해답이 있었기 때문이다. 그런데 교수님은 이런 내 마음을 꿰뚫고 있으시기라도 한 것처럼 (시험을) 대체할 수 있는 과제를 내주셨다. 이런 유연한 시험은 처음이었다. 그러나 유연하다고 해서 쉽게 생각하고 접근한다면 아무것도 얻지 못할 것만 같았다."

이제 학기를 끝내야 할 시간입니다. 한 학기 동안 철학적 상상력과 표현을 가르친다는 생각을 하지는 않았습니다. 연륜이 가르쳐 준 바에 따라 내가 할 수 있는 일과 할 수 없는 일, 교육이 할 수 있는 일과 할 수 없는 일을 구별할 정도는 되기 때문입니다. 학생들이 나를 매개로 삼아 자신으로 돌아갈 길을 찾을 수 있다면 그보다 더 보람 있는 일은 없을 것입니다. 가치판단 대신에 다양한 인간적 삶의 자유를 말하고 싶었고, 생존할 수 있는 기술보다 살아남은 자의 슬픔을 말하고 싶었을 뿐입니다.

교과목의 특성상 수업방식에 대한 학생들의 느낌은 전체적으로 낯설고 생소하였을 것입니다. 하지만 낯섦을 그려 내는 방식에 익숙해질 때쯤, 학생들도 소중한 인연임을 알게 됩니다. 다음은 제출된 과제에서 표현된 낯섦이 편안함이 되기까지의 여정입니다.

"이번 교양 수업을 들으면서 겪은 적 없던 수업방식을 경험했다. 교수님은 우리들의 대답에 따라서 수업 내용을 맞춰 가셨고, 생각지 못한 전개로 수업을 이끌어 가셨다. 이번 수업 주제 또한 그렇다. 평범했다고 볼 수 있는 주제로 우리의 인식을 변화시키고 많은 이야기를 이끌어 내는 수업을 할 수 있다는 것에 놀랐다. 솔직히 3시간이라는 긴 시간 때문에 가기도 전에 '지침'을 느끼면서 수업을 갔지만 끝난 후에는 수업 내용에 대해 생각해 보는 여운이 남았고, 끝나면 이야기만 한 것 같은데, 가르침을 받는 수업보다 깨닫는 게 많았던 수업이었다."

김종엽, 『인격의 철학, 철학의 인격』, 중원문화, 2012.

_____, 『김종엽 박사의 철학특강』, 중원문화, 2014.

니체, 프리드리히(강대석 역), 『차라투스트라는 이렇게 말했다』, 한길사, 2011.

밀, 존 스튜어트(김형철 역), 『자유론』, 서광사, 2008.

비트겐슈타인, 루트비히(이영철 역), 『논리-철학 논고』, 천지, 1991.

싱어, 피터(황경식 역), 『실천윤리학』, 철학과현실사, 1991.

아리스토텔레스(천병희 역), 『니코마코스 윤리학』, 숲, 2013.

에피쿠로스(오유석 역), 『쾌락』, 문학과지성사, 1998.

엥겔, S. 모리스(이종철 외 역), 『철학의 이해』, 문예출판사, 1998.

요나스, H.(이진우 역), 『책임의 원칙: 기술 시대의 생태학적 윤리』, 서광사, 1994.

칸트, 이마누엘(이원봉 역), 『도덕 형이상학을 위한 기초 놓기』, 책세상, 2002.

케이건, 셸리(박세연 역), 『죽음이란 무엇인가』, 엘도라도, 2012.

쿤, 토마스(조형 역), 『과학혁명의 구조』, 이화여자대학교출판부, 1980.

쿤데라, 밀란(송동준 역), 『참을 수 없는 존재의 가벼움』, 민음사, 1989.

파치, 엔조(이찬웅 역), 『어느 현상학자의 일기』, 이후, 2000.

푸코, 미셸(오생근 역), 『감시와 처벌』, 나남출판, 2003.

플라톤(박희영 역), 『향연』, 문학과지성사, 2003.

하루키, 무라카미(유유정 역), 『상실의 시대』(원제: 노르웨이의 숲), 문학사상사, 2010.

하이데거, 마르틴(이기상 역), 『존재와 시간』, 까치, 1998.

Wittgenstein, Ludwig, *Philosophische Untersuchungen*, F.a.M., 1989.

철학,
상상력,
표현